Wie wählen wir 2029, wie 2033?

AF280180

Wie wählen wir 2029, wie 2033?

Unsere Streitschrift zum Jubiläum: 75-Jahre-BWahlG

Manfred C. Hettlage
und andere

Impressum

Bibliografische Information der Deutschen Nationalbibliothek: Die Deutsche Nationalbibliothek verzeichnet diese Publikation in der Deutschen National-bibliografie; detaillierte bibliografische Daten sind im Internet über dnb.dnb.de abrufbar.

Die automatisierte Analyse des Werkes, um daraus Informationen insbesonde-re über Muster, Trends und Korrelationen gemäß §44b UrhG („Text und Data Mining") zu gewinnen, ist untersagt.

© 2025 Manfred C. Hettlage

Verlag: BoD · Books on Demand GmbH, In de Tarpen 42, 22848 Norderstedt, bod@bod.de
Druck: Libri Plureos GmbH, Friedensallee 273, 22763 Hamburg
Satz und Buchcover: Judith Hettlage

ISBN: 978-3-7693-5043-2

Inhalt

Dr. rer. pol. Manfred C. Hettlage
Der Autor: Zeitungsredakteur; geb. 2. Februar 1938;
Königsberg / Ostpreußen; röm.-kath.; verh.; drei Kinder; Abitur in München; Studium der Philosophie und
Nationalökonomie in München und Fribourg / Suisse;
Promotion (magna cum); 1967 kaufmännischer Angestellter; Geschäftsführer in verschiedenen Firmen
des Einzelhandels; 1974 Sekretär der Unternehmens-
rechts-Kommission im Konrad-Adenauer-Haus der
CDU (Bonn) unter Generalsekretär Prof. Kurt H. Bie-
denkopf; 1978 persönlicher Referent im Büro des CSU-
Vorsitzenden, Franz Josef Strauß; 1980 geschäftsführender Referent für den
Bereich Mittelstand, Wirtschaft und Finanzen; ab 1981 Wirtschaftsredakteur
der Wochenzeitung „Bayernkurier". 1998 und 2002 Kandidatur für den Deutschen Bundestag. Ab 2003 freier Publizist mit zahlreichen Veröffentlichungen
in rechts- und wirtschafts-wissenschaftlichen Fachzeitschriften. Schwerpunkte:
Bundesbank, Gewerkschaften, Betriebsverfassung, Streikrecht, Russland, und
seit 2010 Wahlrecht.

Mehr Orakel als Urteil

Eine Zeitenwende brachte der Gang nach Karlsruhe v. 30. Juli 2024 nicht

Das höchste Gericht hat gesprochen. Und so werde 2025 der nächste Deutsche Bundestag gewählt: Die gewohnte Verschonung vor der Sperrklausel durch drei Grundmandate blieb wie sie war. Die CSU ist damit gerettet, DIE LINKE weiter in Gefahr. Die angeblich „verbotenen" Direktmandate, jene vermeintlichen „Überhänge", werden nach der Wahl nicht mehr zum Wahlergebnis hinzuaddiert und ausgeglichen, sondern annulliert und abgezogen. CDU, CSU aber auch die SPD werden dadurch geschwächt. Beide Parteien verlieren die gewohnten „Überhänge". Die Ausgleichsmandate fallen weg Die Zahl der Mitglieder des Bundestages sank entsprechend ab. Und der Rest ist Schweigen. Die erhoffte Zeitenwende im BWahlG brachte das Urteil des BVerfG v. 30. Juli 2024 nicht. Das Reform des BWahlG muss erneut reformiert werden.

Die Entscheidung (2 BvF 1/23 u. a.) hat eine qualvolle Vorgeschichte. In 20 Legislaturperioden gab es 26 Wahlrechts-Änderungsgesetze oder Änderungsversuche. Die Urteilsbegründung beginnt „ab urbe condita" mit einer obsoleten Vorrede zu der bisherigen Gesetzgebungswut und den zahlreichen höchstrichterlichen Einlassungen, die aber keinen Rechtsfrieden brachten.[1] Die harsche Kritik, die Hans Meyer schon 2010 in: „Die Zukunft des Bundeswahlgesetzes"[2] an der gesamten Rechtsprechung geübt hat, fand ihre Fortsetzung in den in

---

1 AktenZ.: 2 BvF 1/23; 2 BvF 3/23; 2 BvE 2/23; 2 BvE 9/23; 2 BvE 10/23; 2 BvR 1523/23; 2 BvR 1547/23. (zur Sperrklausel und Zweitstimmen-Abdeckung). Die viel weitergehende Bürgerklage, Az.: 2 BvR 842/23, ist ohne richterliche Ablehnung nach § 93 c) BVerfGG von der Entscheidung ausgeschlossen worden. Vgl. dazu im Internet: https://www.manfredhettlage.de/an-das-bundesverfassungsgericht.
2 Die Kritik von Meyer bezog sich auf die Entscheidungen: BVerfGE 7, 63 (66-75) / 1957; BVerfGE 16, 130 (135-146) /1963; BVerfGE 79, 161 (166-169) / 1988; BVerfGE 79, 169 (171-172) / 1997; BVerfGE 95, 335 (348-407) / 1998; BVerfGE 97, 317 (322-331) / 1998; BVerfGE 121, 266 (267-316) / 2008; BVerfGE 122, 304 (305-315) / 2009. Später auch die Entscheidung BVerfGE 131, 316 / 2012, an der Meyer als Prozessvertreter beteiligt war.

rechtswissenschaftlichen Fachzeitschriften wie der NJOZ[3] oder dem „Deutschen Verwaltungsblatt", dort unter dem Titel: „Alles zerfließt".[4]

Offenbar wollte das Hohe Gericht das nicht auf sich sitzen lassen. In besonders schmerzlicher Erinnerung musste den Richtern das vernichtende Dictum von Ernst G. Mahrenholz in Erinnerung bleiben, weil er selbst Verfassungsrichter war und über das Wahlrecht promoviert wurde.[5] Mahrenholz hat die typisch deutsche Doppelwahl mit zwei Stimmen in der Festschrift für seinen höchstrichterlichen Kollegen in Karlsruhe, Winfried Hassemer, als Einführung der „Bigamie im Wahlrecht"[6] gebrandmarkt. Er konnte das Skandalon selbst aber auch nicht aus der Welt schaffen.

1. Überhangmandate sind keine Rechtsgüter

Die erste bedeutsame Entscheidung der Verfassungsrichter zum Bundeswahlrecht (BWahlG) stammt aus dem Jahre 1957.[7] Anders als heute war der Urteilstext damals noch keine 70 Seiten lang oder mehr, sondern ungleich kürzer. Das Gericht brachte es damals zwar auf den Punkt, wiederholte es danach aber nie wieder: „Gewiss eröffnet das Institut der Überhangmandate Manipulationsmöglichkeiten (...)". Damit war klargestellt: Ein Gesetz, das den Missbrauch der leidigen „Überhänge" zu einem Rechtsinstitut macht und später sogar ausgleicht, also auf eine Gleichstellung im Unrecht abzielt,[8] ist eine „lex injusta",[9] ein ungerechtes, ein schlechtes Gesetz. Denn es schafft mehr Unrecht als Recht.

---

3 Besonders kritisch zuletzt die kleinen Online-Beiträge, NOJZ; 2022, 161: „Hände weg vom Wahlergebnis / Der Bundestag hat mehr Mitglieder als es dort Sitze gibt"; und NJOZ 2023, 385: „Der Stimmzettel entscheidet / Wahlen werden nicht ausgerechnet, Wahlen werden ausgezählt". Vgl. dazu auch den „Literaturtipp, Bundeswahlgesetz, Literaturauswahl 2021 – 2023" der Bibliothek des Deutschen Bundestages: https://www.bundestag.de/resource/blob/974854/2e136330542766f2ece2b869d6da7f74/littipp_Bundeswahlgesetz.pdf.
4 Vgl. DVBl 2020, S. 1249 ff. Ferner auch S. Schönberger, „Die Lebenslüge des deutschen Wahlrechts", Frankfurter Allgemeine (FAZ) v. 9.5.2019.
5 E. Mahrenholz, Diss. Göttingen 1957: „Zur Wahlgleichheit im parlamentarischen Parteienstaat (...)".
6 F. Herzog und U. Neumann, Hrsg., FestSchr f . Hassemer, 2010, S 111.
7 BVerfGE 7, 63 / 1957 (zur Wahlkreiseinteilung in Schleswig-Holstein.)
8 Vgl. F. Bangel: „Gleichheit im Unrecht", Diss. Heidelberg, https://archiv.ub.uni-heidelberg.de/volltextserver/27685/1/Bangel_Felix.pdf
9 Vgl. Marcus Tullius Cicero: "De legibus".

Weil das Gericht es 1957 unterlassen hat, die aufgedeckten „Manipulationsmöglichkeiten" auch zu unterbinden, hat Hans Meyer dieses Urteil als „Mutter aller Irrtümer" bezeichnet.[10] Denn die höchstrichterlich gerügten, nicht aber beseitigten „Überhänge" konnten so zum festen Bestandteil der meisten Wahlen werden. Und diesen notorischen Missstand hat es von 1949 bis 1961 und von 1980 bis heute immer gegeben: vor 1961 nur in einstelliger, ab 1994 fast immer in zweistelliger Größenordnung.[11] „Manipulationen" der Wahl? ... zuerst noch einstellig? ... später sogar zweistellig? Und die Höchstrichter machten dabei Jahrzehnte lang mit, ohne mit der Wimper zu zucken? Wie ist das möglich? Wie kann das sein?

In der Tat haben die Verfassungshüter „den langsamen Walzer immer mitgetanzt". Niemals haben sie den Gesetzgeber dazu verurteilt, ein Wahlrecht ohne die 1957 gerügten „Manipulationsmöglichkeiten" zu schaffen. Im Gegenteil, 2012 haben sie umgekehrt sogar geurteilt: 15 sog. „Überhänge" seien zulässig. Und das gelte auch für mehr als 15 von ihnen, vorausgesetzt der Missbrauch werde ausgeglichen. [12] Doch eine solche Kompensation im Unrecht hätte das oberste Gericht besser nicht empfohlen. Denn damit hat es den Bundestag als Gesetzgeber vom Regen in die Traufe gedrängt, nämlich den Missbrauch der Überhänge durch den noch rechtswidrigeren Missbrauch der Ausgleichsmandate zu kompensieren. Das wurde in verschiedenen Ländern, unter ihnen auch im Freistaat Bayern, schon viel früher so gehandhabt. Dort gibt es die seit 1957 gerügten, aber nicht verworfenen „Manipulationsmöglichkeiten" heute noch und sie wurden zu allem Überfluss 1998 sogar in Art. 14 der bayerischen Verfassung verankert.[13] „Überhang" und „Ausgleich" gelten in Bayern daher nicht als Unrechtstatbestände, sondern als Rechtsinstitute, ja sogar als Verfassungsgüter.

Das Verfassungsgericht hat in neuer Besetzung mit seiner jüngsten Entscheidung v. 30. Juli 2024 eine Rolle rückwärts vollzogen und 11 Jahre nach dem Ein-

---

10 Meyer, „Die Zukunft des Wahlrechts" 2010, S. 37. Das Gericht hat sich 1957 nicht geirrt. Das verkennt H. Meyer, Das „obiter dictum" der Entscheidung war zu blass. Das Gericht hat nicht ausreichend angedroht, wie es urteilen würde, falls es zur Entscheidung angerufen worden wäre.
11 Vgl. dazu die Tabelle Nr. 10 in: „BWahlG, Gegenkommentar", 2. Aufl. 2018, S. 120 ff mit allen Überhang- und Ausgleichsmandaten bis 2017.
12 BVerfGE 131, 316 / 2012 (zum Ausgleich der Überhänge).
13 Vgl. Art 14 Abs. 1 Satz 6 Bay LV, neu eingefügt in die Bayer. Landesverfassung mit der Reform v. Landtag u. Staatsregierung v. 20.2.1998, (GVBl S. 39).

stieg in den sog. „Ausgleich" auch den Ausstieg aus dem „Ausgleich" akzeptiert.[14] Nun sind diese „Zusatzsitze"[15] endlich wieder weg, allerdings nur im Bund. Insoweit haben sich die Obleute der drei Koalitionsfraktionen, Sebastian Hartmann (SPD), Konstantin Kuhle (FDP), und Till Steffen (Grüne), wie die drei „Musketaires", um das neue BWahlG verdient gemacht. Anders liegt der Fall bei den sog. „Überhängen". Sie sind geblieben, sollen ab 2025 nach der Wahl jedoch annulliert und abgezogen werden.[16] Dadurch fallen gültig abgegebenen Erst- und Hauptstimmen der Wähler - mit Zustimmung des Verfassungsgerichts - unter den Tisch. Was für ein höchstrichterlich akzeptierter Gesetzgebungspfusch.

2. Länderproporz oder Parteienproporz?

„Deutschland ist ein Bundesstaat". Das steht so im Grundgesetz.[17] Und die Verfassungsrichter wissen das natürlich. Wie in den USA werden auch in Deutschland die Abgeordneten länderweise gewählt. Leider gelingt es dem Bundestag noch immer nicht, hier die notwendige Normenklarheit herzustellen. Die Saarländer wählen 7 Saarländer in den Bundestag; den Bayern stehen dort 93 Bayern zu; und die Wähler aus NRW sind mit einer heimischen Abordnung von 127 Köpfen aus NRW mit dabei (Landes-Sitzkontingente). Prüft man das nach, kommt im 20. Deutschen Bundestag eine grobe Unstimmigkeit ans Licht: Denn tatsächlich waren nicht 7, sondern 9 Abgeordnete Saarländer; statt 93 gab es 117 Bayern; und statt 127 stammen 156 Abgeordnete aus NRW, usw.[18] Der Länderproporz ging in allen Bundesländern, mal mehr mal weniger, „vor die Hunde", nur in Bremen nicht.[19]

---

14 Vgl. den verschleierten, hochkomplizierten und völlig überfrachteten Wortlaut von § 2 Abs. 2 BWahlG nF: „Jede Partei erhält in jedem Land für diejenigen ihrer Bewerber, die in den Wahlkreisen in diesem Land die meisten Erststimmen erhalten haben, die Sitzzahl, die von den auf die Partei entfallenden Zweitstimmen gedeckt ist (Zweitstimmen-Abdeckung)."
15 Vgl Schreiber/Strelen, BWahlG 2017, Einführung, Rdnr. 19: „Ausgleichssitze sind Zusatzsitze."
16 Das BVerfG (Az. 2 BvF 1/23 u.a. / 2024) hat im 2. Leitsatz die Zweitstimmen-Abdeckung akzeptiert: „Das in § 1 Abs. 3, § 6 Abs. 1 und 4 Sätze 1 und 2 BWahlG geregelte Zweitstimmen-Deckungsverfahren begründet über die gerechtfertigten Ausnahmeregelungen für erfolgreiche unabhängige Bewerber hinaus keine Ungleichbehandlung."
17 Vgl. Art. 20 Abs. 1 GG
18 Quelle: Bundeswahlleiter.
19 Vgl. dazu auch: „BWahlG – Gegenkommentar", 2018, Anhang, Tabellen Nr. 6 und 7, S. 116 f.

Diese rabiate Missachtung der föderativen Staatsordnung geschah seit jeher unter den Augen der Verfassungsrichter.[20] Und jetzt kommt es „knüppeldick": Weil die ohnehin nur hälftige Erststimmen-Abdeckung durchlöchert und insoweit durch die Zweitstimmen-Abdeckung verdrängt wurde, dürfen die sog. „Überhänger" unter den direkt gewählten Abgeordneten künftig zwar gewählt werden, aber nicht in den Bundestag einziehen. Legt man diese törichte Vorschrift auf die Waage der Jurisprudenz, gerät sie sofort aus dem Gleichgewicht. Erschwerend kommt hinzu: Für lückenlose Personifizierung der Verhältniswahl durch die Direktwahl ist die vollständige Erststimmen-Deckung unerlässlich. Sie fehlt aber bei 331 der 630 Abgeordneten, die ab 2025 über die Listen in den Bundestag einziehen, weil es weiterhin nur 299 Wahlkreise gibt. Dieser fatale Konstruktionsfehler des BWahlG wird vom Verfassungsgericht mit keinem Wort gerügt. - Leider!

In Art. 38 Abs. 1 GG heißt es nicht, die Parteien werden gewählt. Dort heißt es kategorisch: „Die Abgeordneten werden gewählt.")[21] Macht man eine Probe aufs Exempel und wendet man das neue BWahlG auf die Wahl vom 26.9.2021 an, hätte die CSU-Landesgruppe im Bundestag 11 von 45 direkt gewählten Mandatsträgern verloren. Jeder vierte Abgeordnete der CSU im Deutschen Bundestag wäre Opfer der Zweitstimmen-Abdeckung geworden. Natürlich ist das mit der CSU als Koalitionspartner nicht zu machen. Die Tage der 26. Reform des Wahlrechts sind also schon jetzt gezählt: Das 27. Wahlrechts-Änderungsgesetz in der 21. Legislaturperiode steht bereits vor der Türe. Schlimmer noch, hätte die CDU in Baden-Württemberg, das deutlich kleiner ist als Bayern, sogar 12 Direktmandate eingebüßt, die CDU moniert das aber nicht. Die SPD wäre mit 10 Mandaten dabei gewesen, ist aber einverstanden. Bei der AfD würde nur ein Direktmandat fehlen.

Hätte das Gesetz schon 2021 gegolten, wäre der Bundestag um insgesamt 34 von 299 direkt gewählten Abgeordneten auf 564 Mitglieder abgesunken, obwohl sie in ihren 34 Wahlkreisen mit den meisten Erststimmen den Wahlsieg errungen haben. Was sagen die acht Verfassungsrichter dazu? Sie verwarfen

---

20 Vgl. VGH/Bayern (Az. Vf. 24 -III-18), LVerfGE v. 28.10.2019, (Überhänge in Bayern). Ganz anders dagegen der VGH/Schleswig-Holstein.: LVerfGE 30.8.2010, (Az. 3/09 u. 1/10) Nord-ÖR 19/2010, 389 und 401 (Überhänge in Schleswig-Holstein).
21 Vgl. dazu auch Schreiber/Strelen, BWahlG 2021. Einführung, Rdnr. 1.

diesen groben Eingriff in den Wählerwillen nicht und stimmten überraschend der neu geschaffenen „Sperrklausel für Erststimmen" zu. Es war aber völlig überflüssig, die vermeintlichen Überhänge „totzuschießen". Denn sie waren schon tot. Die Zahl der Sitze im Bundestag wurde nämlich auf 630 Köpfe begrenzt. Deshalb können künftig zum Wahlergebnis gar keine sog. „Überhänge" mehr hinzugezählt und schon gar nicht ausgeglichen werden. Die Kappung der Überhänge durch die hochkomplizierte Zweitstimmen-Abdeckung ist daher obsolet. Das hat aber niemand bemerkt, auch die Verfassungsrichter nicht.

3. Verbotene Direktmandate, das gibt es gar nicht

Wird das Wahlergebnis aus 299 Wahlkreisen ausgezählt, können daraus nicht mehr als 299 Direktmandate hervorgehen. Überzählige Direktmandate jenseits der 299 Wahlkreise, das gibt es überhaupt nicht. Denn dafür stehen gar keine zusätzlichen Wahlgebiete zur Verfügung. Und ohne Stimmkreis keine Abstimmung, ohne Abstimmung kein Mandat, auch kein sog. „Überhangmandat", vor allem auch kein sog. „Ausgleichsmandat". Überhangmandate heißen zwar so, sind in Wahrheit aber keine Mandate, sondern Unterschiedszahlen. Bei 299 Direktmandaten verbleiben 299 verteilungsfähige Listenplätze, um die Soll-Zahl der 598 Plätze im Bundestag mit insgesamt 598 gewählten Abgeordneten zu besetzen. Der Bundestag würde sich dann aus 299 direkt gewählten und weiteren 299 nicht direkt gewählten Abgeordneten zusammensetzen. Das wären punktgenau 598 Mitglieder des Parlaments. Immerhin. Für einen solchen Kompromiss auf dem kleinsten gemeinsamen Nenner fehlt allerdings der parlamentarische Wille.

Wieso 299 nicht direkt gewählte Abgeordnete? Das muss doch stutzig machen. Das Veto aus Karlsruhe fehlt. Deshalb stehen wir hier in der Tat vor der Kernfrage, um die es eigentlich geht, nämlich die Frage nach der „bloßen Verhältniswahl".[22] Bei der Europa-Wahl vom 9. Juni 2024 wurde nach diesem Verfahren abgestimmt.[23] Die Blockwahl ist aber keine direkte, sondern eine indirekte Wahl: Über die Abgeordneten wird hierbei nicht in unmittelbarer, nicht in freier und nicht gleicher Wahl abgestimmt. Die Wähler kennzeichnen auf dem Stimmzettel keine Person, sie kennzeichnen eine Partei. Doch eine politische Partei kann

---

22 Vgl. FN 25 unten.
23 Vgl. § 1 Abs. 1 EU-WahlG: „Die Wahl erfolgt nach den Grundsätzen der Verhältniswahl (...). Und ebenda: „Jeder Wähler hat eine Stimme." Vgl. dazu unten: FN 25 und FN 34.

weder wählen noch gewählt werden. Sie kann deshalb selbst und als solche überhaupt kein Mitglied des Bundestages sein.[24] Der gewählte Volksvertreter ist niemals eine Partei, sondern immer eine volljährige Person, Mann oder Frau, schlau oder weniger schlau, Mensch wie Du und ich. Das geht aus Art. 38 Abs. 1 GG sehr klar hervor, wird aber total verkannt: Die Personen-Auswahl ist ein Verfassungsgebot!

4. Undemokratisch und verfassungswidrig: die Blockwahl

Die EU-Wahl war, wie gesagt, keine Personen-Auswahl, wie sie das Grundgesetz in Art. 38 Abs. 1 GG unstreitig verlangt. Sie war eine Parteien-Auswahl. Doch: „Eine bloße Parteienwahl schließt die Verfassung aus." Originalton des Verfassungsgerichts![25] Die sog. „Verhältniswahl" ist immer eine Blockwahl. Im Vereinsrecht ist die Blockwahl hochumstritten. Rupert Scholz hält sie im Wahlrecht für „undemokratisch und verfassungswidrig".[26] Weil das Wahlvolk über die Listen der Parteien „en bloc" abstimmt, kann man nicht einmal aus den fünf Listenführern eine Auswahl treffen, die bei der Bundestagswahl stellvertretend für alle Listen-Bewerber auf dem Stimmzettel stehen.[27] Die darüber hinaus gelisteten Namen in den Verzeichnissen der Landesparteien bleiben den Wählern gänzlich unbekannt. Denn sie stehen zwar auf irgendwo auf einer Landesliste, aber nicht auf dem Stimmzettel. Dieser wird damit zu einer „black box". Bei der Verhältniswahl kaufen die Wähler „alle Katzen im gleichen Sack".

Auf die personelle Zusammensetzung und die alles entscheidende Reihenfolge auf den Listen der politischen Parteien hat das Wahlvolk keinen Einfluss. Bei einer Blockwahl kann es nicht einmal die Personen frei bestimmen, die im Namen des Volkes über die „res publica", d.h. über die Staatsangelegenheiten entscheiden sollen. Die entpersonalisierte „Verhältniswahl" führt unweigerlich zu einer Entfremdung zwischen Wählern und Gewählten und umgekehrt. Deshalb

---

24 Vgl. dazu oben: FN. 22.
25 BVerfGE 97, 317 (323) / 1998, (Nachrücker-Entscheidung); und zuvor BVerfGE 95, S. 335 (349) / 1997, (Vier-zu-Vier-Entscheidung). Die Überprüfung der EU-Wahl nach § 26 EU-WahlG iVm. Art 41 Abs 1 GG lag daher auf der Hand und ist am 8. August 2024 auch erfolgt. Vgl. https://www.manfredhettlage.de/eu-wahl-anfgefochten.
26 Vgl. R. Scholz, „Deutschland in guter Verfassung", 2004, S. 131.
27 Bei der EU-Wahl v 9. Juni 2024 standen 10 Listenführer pro Partei auf dem Stimmzettel. https://www.statistik.bayern.de/mam/wahlen/europawahlen/euw24_musterstimmzettel_normal_reprä.pdf.

macht sich eine allgemeine Politikverdrossenheit breit, die sich bis zur Demokratie-Feindlichkeit steigern kann. Beides wurzelt in der Entmündigung der Wähler durch die viel- und hochgelobte „Verhältniswahl", die als Parteien-Oligarchie und Fremdherrschaft empfunden wird. Das am 9. Juni 2024 neu gewählte EU-Parlament ist der lebende Beweis dafür: Alle sind für Europa. Doch die meisten sind damit unzufrieden, weil sie die ihnen aufgedrängten Mitglieder des EU-Parlaments nicht selbst aussuchen dürfen.[28]

Die pauschale Blockwahl über die Landeslisten, die von den politischen Parteien aufgestellt werden, hat keinen Verfassungsrang. Das ist unstreitig. Im Standard-Kommentar zum BWahlG beschreibt Karl-Ludwig Strelen die Wahlhandlung zutreffend als „Personenauswahl-Entscheidung"[29] Der Kommentator, Johann Hahlen, wird noch deutlicher und spricht: „von dem in Art. 38 Abs. 1 Satz 1 GG verbürgten Prinzip der Personenwahl".[30] Deutlicher geht es nicht! Wie schon erwähnt sagt das Bundesverfassungsgericht umgekehrt: „Eine bloße Parteienwahl schließt die Verfassung aus."[31] Und 20 Jahre zuvor ist das höchstrichterliche „obiter dictum" gefallen: „Der Grundsatz der unmittelbaren Wahl verbietet die indirekte Wahl.".[32] - Doch das alles wurde auf Wasser geschrieben.

Dem stellt sich regelmäßig die herrschende Meinung in den Weg: Nach Auffassung des BVerfG sei das geltende Wahlverfahren „seinem Grundcharakter nach eine Verhältniswahl".[33] Doch dem Grundgesetz ist die sog. „Verhältniswahl" als Rechtsbegriff fremd, die Bundesversammlung ausgenommen.[34] Entstehungsgeschichtlich ist dieses Verfahren aus der Weimarer Reichsverfassung eben gera-

---

28 Vgl. dazu: „Das fehlende Direktmandat ist der Geburtsfehler der EU". Erscheint in der NJOZ, Okt. 2025.
29 Vgl. Schreiber/Strelen, BWahlG 2017, § 1, Rdnr 5; ähnlich Einführung: Rdnr 4 u. Rdnr 13.
30 Vgl. Schreiber/Hahlen, BWahlG 2017, § 48, Rdnr 13.
31 Vgl. BVerfGE 97, 317 (323) /1998, (Nachrücker-Entscheidung).
32 Vgl. BVerfGE 47, 253 (279) / 1978 (zu den Wahlvorschriften f. Bezirksvertretungen)
33 Vgl. BVerfGE 131, 316 (359), 2. Leitsatz / 2012, (zum Ausgleich der Überhänge).
34 Vgl. Art. 54 Abs. 3 GG. Auch diese Norm enthält keine „Grundsätze der Verhältniswahl". Sie besagt lediglich: Die von den Landtagen zu bestimmenden Mitglieder der Bundesversammlung werden nach Maßgabe der dort bestehenden Parteienverhältnisse gewählt. Daraus lässt sich noch lange keine grundrechtliche Anerkennung der Verhältniswahl ableiten.

de nicht in das Grundgesetz übernommen worden.[35] Das Grundgesetz hat sich von der Verhältniswahl abgewandt. Und das gibt bei der Auflösung der höchstrichterlichen Spruchkonkurrenz den Ausschlag: Die sog. „Verhältniswahl" hat ihren Verfassungsrang verloren! Deshalb bleibt die Direktwahl der Volksvertreter, die in ihren heimischen Wahlkreisen von den dort ansässigen Wahlberechtigten namentlich ausgesucht werden, übrig. Die Direktwahl ist das Rückgrat der Demokratie – doch leider nur bei 299 Abgeordneten aus 299 Wahlkreisen. Bei den 299 verbleibenden Listenplätzen fehlt die direkte Personen-Auswahl! Auch das ist unstreitig, bleibt aber folgenlos.

5. Das Rückgrat der Demokratie: die Direktwahl

Erststimmen sind „Hauptstimmen".[36] Direktmandate sind „Grundmandate". Und die namentliche Direkt- oder Einzelwahl, leider nur in 299 Wahlkreisen kam bisher ohne Sperrklausel aus. Für die Parteien- oder „Verhältniswahl" für die verbleibenden 299 Listenplätze bleibt die leidige Fünf-Prozent-Hürde dagegen unverzichtbar. Diese Sperre wird damit zur „Achillesverse" der Verhältniswahl, die allerdings nur bei 299 Abgeordneten zur Anwendung kommt, weil es zu wenig Wahlkreise gibt. Dabei würden ja ganze Parteien, wie z.B. DIE LINKE mit 39 Mandatsträgern aus dem 20. Deutschen Bundestag verdrängt, wenn es nicht die sog. Grundmandats-Regel gäbe. Nach dieser Regel tritt die Sperre außer Kraft, wenn die betroffene Partei mehr als zwei Direkt- oder Grundmandate erringen konnte.

Die betroffenen Wähler müssen allerdings einen unvermeidbaren „Kollateralschaden" in Kauf nehmen, nämlich dass ihre Zweitstimmen am Ende bei Parteien landen, die sie gar nicht gewählt haben. Das hat das Verfassungsgericht „nolens volens" akzeptiert. Als Rechtsvertreter der Vereinigung „Mehr Demokratie" wollte Torsten Kingreen die Sperrklausel deshalb mit seiner Verfassungs-

---

35 Vgl. Art. 22 Weimarer Reichsverfassung (WRV): „Die Abgeordneten werden nach den Grundsätzen der Verhältniswahl gewählt." – Besondere „Grundsätze der Verhältniswahl" gibt es aber nicht. Strenggenommen werden hier die bekannten fünf Grundsätze der Wahl relativiert.

36 Statt der Erststimmen sollten bei der Reform des BWahlG die Zweitstimmen zu „Hauptstimmen" erklärt werden. Dies wurde zwei Tage vor der Endabstimmung rückgängig gemacht. Dadurch hat der Wahlgesetzgeber unstreitig gestellt, dass die Zweitstimmen keine „Hauptstimmen" sind. Vgl BT-DruckS. 20/6016 (Beschlussempfehlung) Artikel 2, lit. e).

beschwerde (nach Art. 93 Abs. 1 Ziff. 4a) BVerfGG) zu Fall bringen.[37] Das ist ihm nicht gelungen. Hier hat der Zweite Senat des BVerfG nicht mit sich handeln lassen: Die bloße Parteienwahl mit Sperrklausel ist zulässig, aber nur, wenn sie durch die Grundmandats-Regel stark abgeschwächt wird. Diese Position hat das BVerfG niemals verlassen.[38]

Gewiss, mit der Entscheidung v. 30. Juli 2024 (Az. 2 BvF 1/23) wurde lediglich die „rote Linie" des BVerfG bekräftigt, die schon bisher nicht überschritten werden durfte, durch die Streichung der Grundmandatsregel im neuen BWahlG (BGBl I Nr. 147) aber beseitigt wurde. Alles schön und gut, doch kein großer Wurf, vor allem keine salomonische Reform des BWahlG an Haupt und Gliedern, die allein zum Rechtsfrieden führen kann.[39] Aber ein Lichtblick am Ende des Tunnels, das irgendwie schon. CSU und DIE LINKE wurden, mehr schlecht als recht, aus einer parteipolitisch geprägten Willkürgesetzgebung befreit, mehr aber auch nicht. Das Direktmandat wurde weiter geschwächt: einmal durch die gleichbleibende Zahl der 299 Wahlkreise bei steigender Mitgliederzahl des Parlaments; zum anderen auch durch die Annullierung und den Abzug der sog. „Überhänge". Die große Reform des BWahlG bleibt also weiterhin ein Traum.[40]

6. Das ernüchternde Fazit

Die Ausgleichsmandate fallen 2025 weg. Dadurch schrumpft der Bundestag von 736 (2021) auf die Sollgröße von 630 Mitglieder (2025) zusammen. 134 Abgeordnete verlieren dadurch ihr Mandat. Da kommt unter den Parlamentariern keine Freude auf. Wegen der verbindlichen Sollzahl von 630 Abgeordneten werden die CSU in Bayern und CDU in Baden-Württemberg zusammengenommen zusätzlich auch ihre 23 „Überhänge" verlieren, also 2025 geschwächt in die Wahl ziehen. Wie CDU und CSU muss auch die SPD den Abzug von „Überhängen" befürchten. Einer großen Koalition könnten also bis zu 33 Direktmandate fehlen. Wegen der Abspaltung der zehn Wagenknecht-Dissidenten taumelt DIE LINKE

---

37 Link: https://www.mehr-demokratie.de/fileadmin/pdf/2023/2023-10-20_Verfassungsbe-schwerde-Sperrklausel-Schriftsatz-Kingreen-anonymisiert.pdf.

38 Mehr dazu bei Schreiber/Strelen BWahlG 2021, § 6, Rdnr. 35 ff.

39 Vgl. dazu auch BayVBl 2/2010, S 33 ff: „Bleibt die große Reform des Wahlrechts ein Traum?"

40 Vgl. dazu auch Bayerische Verwaltungsblätter (BayVBl) 21/2010, S. 655 ff. „Bleibt die große Reform des Wahlrechts ein Traum?"

ihrem Untergang entgegen.[41] Das Überleben hängt weiter von ihren drei Direkt-, Grund- oder Hauptmandaten ab - und bleibt ungewiss.

Wenn nicht nur DIE LINKEN, sondern auch die FDP ein Opfer der Sperrklausel wird und außerdem auch die Werte-Union mit vielleicht sogar 4,5 Prozent der Zweitstimmen unter der Fünf-Prozent-Hürde bleibt, dürfen sich die Parlamentsparteien als Sperrklausel-Gewinner die Sitze der Sperrklausel-Verlierer wie „fremde Federn" an den eigenen Hut stecken und dann zusammen mit vielleicht nur einem weiteren Koalitionspartner den Kanzler stellen. Unmöglich ist ein solches Paradoxon nicht und ist bei den Landtagswahlen des Saarlandes bereits eingetreten.

Das Urteil v. 30. Juli 2024 (2 BvF 1/23 u.a.) ist mehr ein Orakel als ein friedenstiftender, von der Jurisprudenz getragener Interessenausgleich. Und ob die Bundesrepublik unter einer verstärkten „Verhältniswahl" zunehmend unregierbar wird, wie das anfangsweise bei den Landtagswahlen in Brandenburg, in Sachsen und Thüringen zu beobachten ist, bleibt ein bedrohliches Menetekel.

---

41 Das Bündnis-Sahra-Wagenknecht ist die einzige Gruppe im Parlament, die selbst und als solche niemals auf irgendeinem Stimmzettel stand und Bundestag deshalb im nichts verloren hat, aber an der Willensbildung der Volksvertretung mitwirkt. Vgl. dazu die Verfassungsbeschwerde 2 BvC 3/24 v. 1.7.2024. Link: https://www.manfredhettlage.de/der-fall-wagenknecht-verfassungsbeschwerde

Le ventre legislatif

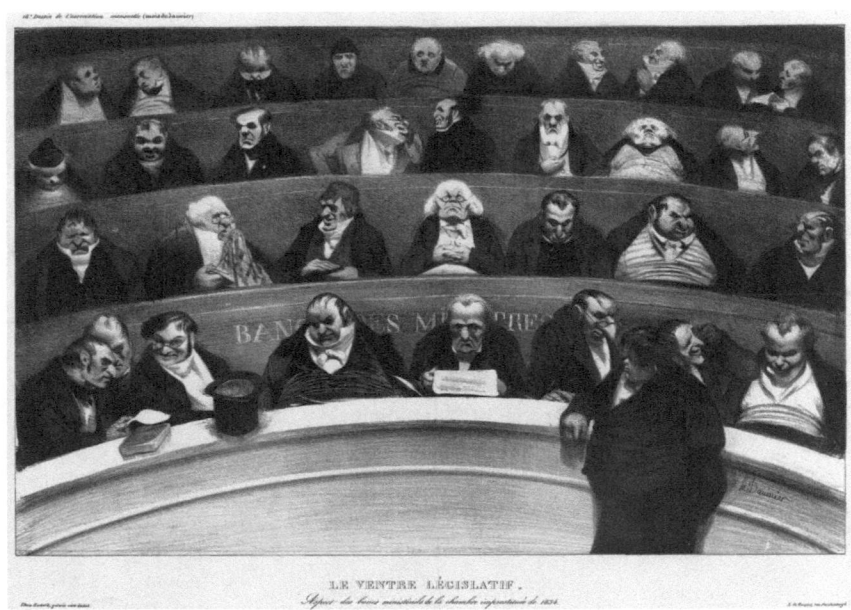

LE VENTRE LÉGISLATIF.

Honré Daumier, Bildnachweis: https://fr.wikipedia.org/wiki/Fichier:Honoré_Daumier_-_Le_ Ventre_Législatif_(The_Legislative_Belly)_-_Google_Art_Project.jpg.

„Der gesetzgebende Bauch" beugt Recht und Gesetz nach Lust und Laune. Leerstehende Wahlkreise in Passau oder Erlangen? Das Tohuwabohu bei der Nachwahl in Berlin? Eine vermeintliche Überzahl an Wahlkreis-Siegern? Und die nachträgliche Verfälschung der Wahl durch sog. „Ausgleichsmandate"? Etc. etc.

Die Streit- und Autorengemeinschaft: Dr. med. Wolfgang Goldmann; Dipl-Ing Dr. Robert Mertel; Joachim Kampka; Dr. rer. pol. Manfred C. Hettlage, Club-obmann; Dr. med. Ursula Offergeld-Hettlage; Gero von Braunmühl; Dr. rer. pol. Anton Fischer; Roland Weese; Dipl.-Ing. Dr. Helmut Fleck; Hans Sultze, Rechts-anwalt; Erich Schmidt; Dipl-Ing Wilfried Rickscherd und andere.

Unsere Streitschrift zum Jubiläum

Konstrukt aus Willkür und Verfassungsbruch: der 20. Deutsche Bundestag

Das Abstract

Am 15. Juni 1949 wurde das Bundeswahlgesetz (BGBl S. 21) verkündet. In 20 Legislaturperioden gab es 26 Wahlrechts-Änderungsgesetze bzw. -Änderungsversuche. Eine Unzahl von Verfassungsbeschwerden und Wahleinsprüchen waren die Folge. Doch mit keiner der vielen höchstrichterlichen Entscheidungen ist es den Verfassungsrichtern gelungen, Rechtsfrieden zu stiften. Der 20. Deutsche Bundestag hatte regulär 598 Plätze (Soll-Zahl), aber nur 299 Wahlkreise, dafür aber 736 Parlamentarier. Für die Erststimmen-Deckung gab es nicht genug Wahlkreise, gleichzeitig aber auch viel zu viele Abgeordnete, die den Wähler durch staatlichen Oktroy aufgezwungen wurden. Und es ist trotz zahlreicher Wahleinsprüche und Verfassungsbeschwerde nicht gelungen, innerhalb der 20. Legislaturperiode auf dem Rechtsweg Abhilfe zu schaffen und die Verfassung vor den Übergriffen der Parlamentarier erfolgreich zu schützen!

Wer mit zwei Stimmen wählt, holt sich den Teufel ins Haus. Weil die Deutschen zweimal wählen, können sie beide Stimmen gegeneinander richten und glauben ernsthaft, sie hätten sich das weltweit beste Wahlverfahren ausgedacht. Würde man nur mit einer Stimme wählen, wie bei der Europa-Wahl, in Großbritannien, im Commonwealth, z.B. Indien, oder in den USA, in Frankreich etc. – gäbe es auch in Deutschland keine sog. „Überhänge". Und jeder Verfälschung der Wahl durch einen nachträglichen „Ausgleich" der Wahlergebnisse wäre von vorneherein der Boden entzogen. Auch nach der Europa-Wahl lassen die Deutschen nicht von dem althergebrachten Irrtum ab, zwei Stimmen seien besser als eine.

1. Nicht unmittelbar (direkt), nicht frei, und nicht gleich: die Europa-Wahl

Die Europa-Wahl v. 9. Juni 2024 brachte eine unerwartete Überraschung: „Jeder Wähler hat eine Stimme." [42]– Ergo kein sog. „Stimmensplitting", keine sog. Überhänge und kein sog. Ausgleich der Wahlergebnisse. Eine Stimme ist genug! [43] Der typisch deutsche Sonderweg, zwei Stimmen seien besser als eine, hat spätestens mit der EU-Wahl v. 9. Juni 2024 seine normative Rolle als Vorbild verloren.

Das Wahlgebiet bei der EU-Wahl „ist das Gebiet der Bundesrepublik Deutschland".[44] Das hätte dazu geführt, dass die Wähler auch die bayerische CSU überall in Deutschland hätte wählen können. Weil die Parlamentarier vor allem aus den Reihen der CDU das unbedingt verhindern wollten, wurden für die Wähler von CSU und CDU zwei Sperrgebiete geschaffen. Im Ergebnis stand die CSU nur in Bayern, die CDU nur außerhalb Bayerns und alle anderen Parteien überall, also auch in Bayern auf dem Stimmzettel. Viel ungleicher konnte man die EU-Wahl kaum gestalten!

Erschwerend kommt hinzu: „Deutschland ist ein Bundesstaat" [45] Die Eigenständigkeit der Föderation aus 16 Bundesländern ist eine zwingende Verfassungsnorm. Demnach wählen die Saarländer ihre 7 Abgeordneten im Saarland, die Hessen tun das mit ihren 43 Volksvertretern in Hessen, und die Bayern mit ihrer Abordnung von 93 Parlamentariern im Freistaat Bayern. usw. Die Abgeordneten werden also länderweise gewählt. In einer Föderation aus 16 Bundesländern kann es deshalb keine Bundeslisten und keine Bundesstimmen geben. – Kurzum war die EU-Wahl keine föderative Wahl, also nicht verfassungskonform, behält aber Bestand! Das dagegen gerichtete Wahlprüfungsverfahren v. 9.8.2024 (WP 68/24) blieb ohne Erfolg.[46]

Die EU-Wahl erfolgte außerdem nicht nach europäischen, sondern nach deut-

---

42 Vgl. § 2 Abs. 1 Satz 3 EU-WahlG.
43 Mehr dazu in: Hettlage: „One man one vote / Eine Stimme ist genug", 1919, ISBN: 978-3-96138-100-5
44 Vgl. § 3 Abs. 1 EU-WahlG.
45 Vgl. Art. 20 Abs. 1 GG.
46 Durch verspätete Postzustellung war die Anfechtungsfrist um zwei Werktage überzogen worden.

schem Recht. Die Überprüfung der Wahl untersteht daher nicht der europäischen, sondern der deutschen Gerichtsbarkeit.[47] Es gibt keine europäische Staatsbürgerschaft, es gibt jedoch ein europäisches Parlament. – Hier wird der europäische Stier offensichtlich von hinten aufgezäumt.[48]

2. Fünfzehn Mitglieder des Bundestages bekleiden ein „zweites" Mandat

Keine Frage: Der außerparlamentarische Wechsel zu einer anderen Partei ist immer zulässig. Beim parlamentarischen Mandatswechsel ist das anders. Wer sein Mandat aufgibt, das er von den Wählern erhalten hat, verliert seinen Sitz im Bundestag und kann danach erst bei der nächsten Wahl für die Landesliste einer anderen Partei kandidieren. Die Gewissensfreiheit der Abgeordneten führt nicht dazu, dass diese frei bestimmen können, wer sie gewählt hat und wem sie ihr Mandat verdanken. Gewiss, das Mandat ist frei. Die Mandatsträger sind bei den Abstimmungen im Bundestag nur ihrem Gewissen verantwortlich. Deshalb führt nicht jeder Treuebruch zum sofortigen Verlust des Mandats, in das der Abgeordnete am Wahltag für vier Jahre gewählt worden ist. Veruntreut der Mandatsträger das ihm anvertraute Mandat jedoch in grober Art und Weise, findet auch die Freiheit des Mandats ihre Grenzen. Das Rechtsmittel gegen grobe Untreue bei der Ausübung des Mandats ist die Wahlprüfung nach Art. 41 Abs. 1 Grundgesetz. Der Wähler kann den Mandatswechsel anfechten.

a) Der Fall Volker Wissing

Der FDP-Politiker hat 2021 in seinem Wahlkreis Nr. 211/Südpfalz gegen Thomas Hitschler (SPD) verloren. In den Bundestag ist er allein über die Landesliste der FDP eingezogen. Er wurde also nicht zweimal (mit der Erst- und mit der Zweitstimme), sondern nur einmal (allein mit der Zweitstimme) gewählt. Weil er am 11.11.2024 seinen Sitz für die FDP-Landesliste in Rheinland-Pfalz aufgegeben hat, aber nicht durch ein Direktmandat „abgesichert" war, konnte er nicht länger Mitglied des Bundestages bleiben. Das steht so im Gesetz,[49] kümmert Wissing

---

47 Vgl § 4 und § 26 EU-WahlG.Z
48 Vgl. dazu auch die Pressenotiz: https://www.manfredhettlage.de/eu-wahl-angefochten.
49 Vgl. § 46 Abs.1 Ziff. 4 BWaglG.

aber nicht.[50] Ein Entlassungsschreiben hat Wissing nicht. Deshalb hat er seinen Listenplatz (noch) nicht rechtswirksam aufgegeben. Es standen im Wahlkreis Nr. 211/Südpfalz zwei Wahlkreis-Sieger nebeneinander: Hitschler (SPD) und ab November 2024 auch Wissing als unechter „Parteiloser". Wissing hat bei der Wahl v. 26.9.2012 aber gar nicht als Unabhängiger kandidiert. Er ist in seinem Wahlkreis Nr. 211/Südpfalz als FDP-Politiker angetreten und hat gegen Hitschler verloren. Vor dem Ende der Legislatur ließ sich der offensichtliche Missstand trotz Wahleinspruch v. 27.11.2024 (WP 2162/21) auf dem Rechtsweg nicht beseitigen, weshalb es im Wahlkreis Nr. 211/Südpfalz zwei Wahlkreis-Sieger gibt.

b) Der Fall Melis Sekmen

Die Politikerin, Melis Sekmen, MdB, ist am 26. September 2021 in Baden-Württemberg über die Landesliste der Grünen für die Dauer der 20. Legislaturperiode in den Deutschen Bundestag gewählt worden. Ein eigenständiges Direktmandat, das ihr verbleibt, wenn sie auf ihren Listenplatz verzichtet, hat sie nicht. Das ZDF v. 2. Juli 2024 hat es zuerst berichtet: die Abgeordnete habe die Grünen verlassen, sei im Gegenzug vom CDU-Kreisverband Mannheim in die CDU aufgenommen worden und aus der Bundestagsfraktion der Grünen zur CDU/CSU-Fraktion übergewechselt.[51]

Wie die Tagesschau verkennt es auch die herrschende Meinung: Die Gewählte kann sich nicht aussuchen, von wem sie gewählt wurde.[52] Niemand kann von sich aus den Listenplatz auf einer Landesliste gegen den einer anderen Partei austauschen, die ihn gar nicht aufgestellt hat. In § 46 Abs. 1 Ziff. 4 BWahlG heißt es ausdrücklich: „Ein Abgeordneter verliert seine Mitgliedschaft im Deutschen Bundestag bei (...) Verzicht." Gemeint ist hier der Verzicht auf das Mandat. Daraus folgt im Umkehrschluss: Wer nicht rechtswirksam auf das Mandat verzichtet hat, das ihm von den Wählern am Wahltag auf Zeit anvertraut wurde, behält es, und zwar mit allen Rechten und Pflichten, insbesondere auch mit den elementaren Treuepflichten gegenüber den Wählern, die es mit sich bringt.

Weil Melis Sekmen weiterhin Mitglied des Deutschen Bundestages geblieben

---

50 Das Mandat Wissings wurde daher Art. 41 das Grundgesetz angefochten. Vgl. https://www.manfredhettlage.de/zwei-direktmandate-in-einem-wahlkreis/#more-13333,

51 Vgl. zdf.de, v. 2.7.2024: „Union freut sich auf Sekmen – Grüne wütend".

52 Vgl. dazu auch Schreiber/Hahlen, BWahlG 2021, § 48, Rdnr. 12.

ist, kann sie nicht rechtswirksam auf ihren Listenplatz bei den Grünen verzichtet haben. Der von den Wählern durch Abstimmung erteilte Auftrag, sie bei der parlamentarischen Willensbildung zu vertreten, steht nicht zu ihrer Disposition. Die Politikerin, Sekmen, kann nicht frei bestimmen, über welche Landesliste sie gewählt worden ist. Sobald sie jedoch auf ihren Sitz bei den Grünen in der nach § 46 Abs. 3 BWahlG vorgeschriebenen Form verzichtet, ist sie kein Mitglied des Bundestages mehr und kann folgerichtig auch in der CDU/CSU-Fraktion nicht Mitglied des Bundestags werden. Daran führt kein Weg vorbei.

Über die Mehrheitsverhältnisse im Parlament entscheiden nicht die Abgeordneten, sondern das das Volk. Es kommt also darauf an, ob Melis Sekmen nach § 47 Abs. 1 Ziff. 4 BWahlG ein Entlassungsschreiben der Bundestagspräsidentin erhalten hat oder nicht. Das hat sie nicht. Deshalb ist sie ja noch Mitglied bei der Fraktion der Grünen und kann ohne Zustimmung der Wähler in den Reihen der CDU-CSU kein „zweites" Mandat ausüben, für das sie überhaupt nicht gewählt wurde. Dies konnte vor dem Grundgesetz keinen Bestand haben, ist aber trotz Anfechtung v. 30.8.2024 (WP 2161/11) bis zum letzten Tag der 20. Legislaturperiode nicht korrigiert worden. Die Entscheidung des Bundestages fehlt. Zu einer Verfassungsbeschwerde konnte es vor dem Ende der 20. Legislaturperiode deshalb nicht mehr kommen.

c) Der Fall Sahra Wagenknecht und andere

Viel Aufsehen erregte seit Januar 2024 das „Bündnis-Sahra-Wagenknecht" (BSW). Ähnlich wie Melis Sekmen haben alle zehn BSW-Mitglieder nicht auf Landeslisten ihrer erst am Anfang 2024 neu gegründeten Partei, sondern auf Listen der Partei „DIE LINKE" an der Bundestagswahl v. 26. September 2021 teilgenommen. Alle zehn haben selbst kein eigenständiges Direktmandat erlangt, auch Sahra Wagenknecht nicht.[53] Über ein Erststimmen-Mandat, das von dem Verzicht auf das Zweitstimmen-Mandat unberührt bleiben würde, verfügten sie nicht. Alle zehn konnten nicht Abgeordnete in der neuen Bündnis-Partei (BSW) werden, ohne zuvor in der gesetzlich vorgeschriebenen Form,[54] d.h. notariell auf ihren Listenplatz für „DIE LINKEN" zu verzichten und aus dem

---

53 Sahra Wagenknecht hat gar nicht für einen Wahlkreis im Saarland kandidiert, wo sie beheimatet ist. Sie zog allein über die Landesliste für die LINKEN von NRW in den Deutschen Bundestag ein.

54 Der Mandatsverzicht ist formpflichtig. Näheres dazu in § 46 Abs. 3 BWahlG.

Bundestag auszuscheiden.[55] Man kann die Partei wechseln, nicht aber den Platz auf einer Landesliste gegen den einer anderen Partei austauschen. Einen Mandats- und Fraktionswechsel hin zu einer anderen Partei gibt es nicht. Denn bei der Listenwahl wird auf dem Stimmzettel keine Person, sondern eine Partei gekennzeichnet. Wer seinen Platz auf der Landesliste seiner Partei aufgibt, gibt ihn an die Wähler zurück und scheidet aus dem Bundestag aus. – Doch so ist es leider nicht.

Nach einem rechtswirksamen Verzicht auf ihre Listenplätze bei den LINKEN hätten die 10 BSW-Dissidenten ihre Mitgliedschaft im Deutschen Bundestag verloren. So steht es aus gutem Grunde im Gesetz! [56] Nun hat die Präsidentin des Deutschen Bundestages, Bärbel Bas, MdB, eingeräumt, die Wagenknecht-Dissidenten hätten bisher nicht rechtswirksam auf ihr Mandat bei den LINKEN verzichtet. und seien deshalb nicht aus dem Bundestag ausgeschieden.[57] Der Verzicht auf das Mandat unterliegt einer strengen Formpflicht: [58] Fehlt das unerlässliche Entlassungsschreiben aus der Hand der Präsidentin des Bundestages, haben die 10 Dissidenten ihren Platz auf der Parteiliste der LINKEN (noch) nicht rechtswirksam verlassen und ihre Mitgliedschaft im Bundestag (noch) nicht verloren. Das schließt eine „zweite" Mitgliedschaft im Bundestag für das Bündnis-Sahra-Wagenknecht (BSW) natürlich aus. Ein Doppelmandat im Bundestag, das gibt es nicht. Das hat die Präsidentin des Bundestages verkannt und die zehn Wagenknecht-Dissidenten zu Unrecht als parlamentarische Gruppe anerkannt, obwohl die Entlassungsurkunde aus dem Mandat für DIE LINKE fehlt.

Hätte das Bündnis am Wahltag des 26. Septembers 2021 auf den Stimmzetteln gestanden, wäre die winzige Gruppe mit weit weniger als 5 Prozent aller 598 Mandate natürlich an der Fünf-Prozent-Hürde gescheitert. Denn die Wagenknecht-Partei ist noch kleiner als DIE LINKE, die ihrerseits mit 4,9 Prozent aller

---

55 Mehr auch dazu in: Tichys Einblick, v. 22.1.2024: https://www.tichyseinblick.de/meinungen/wer-fuerchtet-sich-vor-sahra-wagenknecht.
56 Vgl. BT-DruckS 20/11300, Anlage, 2. S.9: „Keine der zehn Abgeordneten, die der Gruppe BSW angehören, (...) den Mandatsverzicht erklärt." Vgl. dazu auch § 46, Abs. 1, Ziff. 4; und § 47 Abs. 1 Ziff. 4 BWahlG. Gegen den Wortlaut der Vor-schrift anderer Ansicht ist dagegen die herrschende Meinung. Statt aller Schreiber/Hahlen, BWahlG 2017, § 46, Rdnr. 17. Vgl. § 47 Abs. 1 Ziff. 4 BWahlG.
57 Vgl. § 47 Abs. 1 Ziff. 4 BWahlG.
58 Vgl dazu § 46 Abs. 3 und § 47 Abs. gelangt. Ein eigenes Direktmandat, das sie behalten, wenn sie rechtswirksam auf ihren Listenplatz verzichten, ist nicht vorhanden.

gültig abgegebenen Zweitstimmen – für die damals noch 39 Mitglieder ihrer Fraktion – selbst schon zu wenig Zweitstimmen erlangt hatte. Schon die DIE LINKE ist nur wegen der Verschonung durch die Grundmandats-Regel in das Parlament eingezogen, weil die Sperrklausel bei drei vorhandenen Direktmandaten keine Anwendung fand. Gilt für das Bündnis-Sahra-Wagenknecht nicht einmal mehr die Fünf-Prozent-Hürde? Offenbar nicht. – Was für eine hemmungslose Rechtsbeugung!

Den Ausschlag gibt allerdings, dass für die neue Wagenknecht-Partei bis auf den heutigen Tag niemals irgendjemand irgendeine Zweitstimme abgegeben hat. Die Wagenknecht-Gruppe (BSW) hat nicht weniger als 5 Prozent der Zweitstimmen erzielt, sie hat überhaupt keine Stimmen erlangt. Denn das Bündnis stand 2021 ja gar noch gar nicht auf den Stimmzetteln. Die Wagenknecht-Dissidenten wurden alle auf Landeslisten der LINKN gewählt. Und aus Wählern der LINKEN wurden dann im Januar 2024 – ungefragt! – BSW-Wähler gemacht.[59] Eine derart dreiste Vergewaltigung des Wählerwillens ist so verfassungswidrig, dass Rauch aufsteigt!

Der Wahleinspruch gegen den unzulässigen Mandatswechsel v. Juni 2024 (Az. WP 2157/21) ging am 1.7.2024 vor dem Verfassungsgericht zu Protest (Az. 2 BvC 3/24). Die Beschwerde führte aber bis zum Ende der 20. Legislaturperiode nicht zur höchstrichterlichen Abhilfe. Nicht nur der Bundestag, auch das Verfassungsgericht hat auf der ganzen Linie versagt. Ein Vorfall, der in der Geschichte des BWahlG ohne Beispiel ist!

d) Der Fall Uwe Witt

Ähnlich liegt der Fall bei vier von fünf Abgeordneten, die ursprünglich auf einer der AfD-Landeslisten in den Bundestag eingezogen sind. Hätten sie auf ihren Listenplatz rechtswirksam verzichtet, für den sie am Wahltag angetreten sind, könnten sie nicht länger Mitglieder des Bundestages bleiben. Sie sind es folgerichtig nur deshalb geblieben, weil das Entlassungsschreiben fehlt und der Mandatsverzicht deshalb nicht rechtswirksam war. Alle vier Volksvertreter aus den Reihen der AfD haben für sich selbst kein Direktmandat erzielt. Sie bleiben nur

---

59 Die „DIE LINKE" hat bisher darauf verzichtet, sich dagegen auf dem Rechtsweg zur Wehr zu setzen und hat damit ihre Anerkennung als Fraktion verloren, mit schwerwiegenden, auch finanziellen Folgen. Vgl. dazu das Wahlprüfungsverfah-ren (WP 2157/21), das der Bundestag am 13.6.2024 zurückgewiesen hat. Vgl. https://www.manfredhettlage.de/wahlpruefung-durch-den-bundestag/#more-12958gl.

deshalb Mitglieder des Bundestags, weil sie auf ihren ursprünglichen Listenplatz (noch) nicht rechtswirksam verzichtet haben. Weil sie ihre Sitze im Bundestag nicht räumen, konnten vier Listen-Anwärter der AfD nicht nachrücken.

In Schleswig-Holstein kam Uwe Witt (zu Unrecht „parteilos") allein auf der Landesliste der AfD in das Berliner Parlament. Es sitzen also nach Volker Wissing, Melis Sekmen, und 10 Wagenknecht-Dissidenten, auch 4 ungesetzliche „Parteilose" im Bundestag – unechte „Unabhängige" also.[60] Wie alle Abgeordneten können auch die 4 AfD-Dissidenten kein „zweites" Mandat bekleiden. Mag der Parteiwechsel jederzeit möglich sein, beim Mandatswechsel ist das anders. Der Listenplatz verbleibt bei derjenigen Partei, deren Liste vom Wahlvolk mit der Zweit- bzw. Parteienstimme „en bloc" ausgewählt worden ist. Uwe Witt war nur bis zum 31.12.2021 Mitglied der AfD-Fraktion. Auch er kann „den Kuchen nicht zugleich aufessen und behalten". Matthias Helferich (ebenfalls zu Unrecht „parteilos") ist im Wahlkreis Nr. 143/Dortmund-II der Wahlkreis-Siegerin Sabine Poschmann (SPD) unterlegen. Auch er hat seinen Sitz mit der Nr. 7 auf der AfD-Landesliste in NRW nicht rechtswirksam an die Wähler zurückgegeben. Denn das Entlassungsschreiben fehlt. Beide werden dadurch gehindert, ein „zweites" Mandat auszuüben. Zwei direkt gewählte Abgeordnete im gleichen Wahlkreis? Wie soll das denn gehen?

Johannes Huber (auch er zu Unrecht „parteilos") ist im Wahlkreis 214/Freising dem Erich Irlstorfer (CSU) unterlegen, allein über die bayerische Landesliste der AfD in den Bundestag eingezogen und aus der AfD-Fraktion am 31.12.2021 ausgeschieden. Bleibt Joana Cotar (gleichfalls zu Unrecht „parteilos"). Sie hat im Wahlkreis 183/Frankfurt-II gegen Dr. Jens Zimmermann (SPD) verloren. Auch sie ist am 2.11.2022 aus der Partei DIE LINKE ausgeschieden, hat aber auf ihren Listenplatz (noch) nicht notariell verzichtet. Alle vier AfD-Dissidenten erlitten deshalb (noch) keinen Mandatsverlust, weil die Entlassungsurkunde fehlt und sie deshalb auf ihr ursprüngliches Mandat (noch) nicht rechtswirksam verzichtet haben. Sie konnten kein „zweites" Mandat ausüben, haben das aber bis zum Ende der 20. Wahlperiode unangefochten getan. Eine Anfechtung der missbräuchlichen Mandatsausübung fand in keinem der vier Fälle statt.

---

60 Ein echter „Unabhängiger" kann nur mit der Erststimme gewählt werden. Das liegt in der Natur der Sache.

e) Der Fall Robert Farle

Einzig Robert Farle erzielte im Wahlkreis 074/Mansfeld die meisten Erststimmen und ist einer von insgesamt 16 direkt gewählten Abgeordneten der AfD. Sein Stimmkreis liegt in Sachsen-Anhalt. Farle ist am 22.11.2022 aus der AfD-Fraktion „ausgeschieden".[61] Weil er aber nicht nur mit der Zweitstimme über die AfD-Landesliste gewählt wurde, sondern zusätzlich auch in seinem Wahlkreis den Sieg bei den Erststimmen erlangt hat, konnte auch ein rechtswirksamer Verzicht auf den Listenplatz bei der AfD in Sachsen-Anhalt (wenn er denn rechtswirksam erfolgt ist) nicht zugleich auch zum Verlust auf sein Direktmandat im Wahlkreis Nr. 074/Mansfeld führen.

Durch den Verbleib im Direktmandat entstand allerdings ein zusätzliches „Überhangmandat". Denn Farle hatte ja keinen Listenplatz mehr. – Das blieb aber unbemerkt. Der neu entstandene Überhang wurde, unsinnig genug, auch in Sachsen-Anhalt durch 5 Ausgleichsmandate (zu Gunsten unbekannter Dritter) vierfach überkompensiert. Ist Robert Farle aus der AfD rechtswirksam ausgeschieden – eine Tatfrage – wird sein Platz auf der AfD-Landesliste in Sachsen-Anhalt frei. Es rückte bisher in der AfD aber kein Listen-Anwärter nach. Warum wohl? Weil auch die AfD den Durchblick verloren hat und nicht durchschaut, was ihr zusteht oder nicht zusteht? Eine fehlerhafte Besetzung des Bundestages also auch hier.

Wer zweimal gewählt wurde, kann mit den Erststimmen im Bundestag verbleiben, selbst wenn er auf die Zweitstimmen verzichtet hat. Das geht. Wer dagegen vor einem Notar des betroffenen Bundeslandes – ohne zusätzliches Direktmandat – auf seinen Listenplatz unwiderruflich verzichtet hat, scheidet zu den Bedingungen von § 46 Abs. 1 Ziff. 4 wie Abs. 3, und § 47 Abs. 1 Ziff. 4 BWahlG aus dem Bundestag aus – das stand so im Gesetz! Doch die herrschende Praxis setzte sich über den Missstand hinweg, ließ den Mandatswechsel zu und war offensichtlich ungesetzlich, blieb aber unangefochten![62]

---

61 Vgl. https://www.bundestag.de/abgeordnete/biografien/F/farle_robert-863326.
62 Abwegig Schreiber/Hahlen BWahlG wie 2017 auch 2021, § 46, Rdnr. 17 u. Rdnr. 21 ff: Trotz Verzicht „geht das Mandat nicht verloren".

3. Im Bundestag sind
zwölf Direktmandate „verwaist"

„Alle Menschen sind vor dem Gesetz gleich." [63] Wähler und Gewählte sind Menschen. Also sind auch Wähler und Gewählte vor dem Gesetz gleich. Es gab, wie eingangs schon gesagt, 598 Abgeordnete (Soll-Zahl), aber nur 299 Wahlkreise. Nur die Hälfte der Abgeordneten wurde in Wahlkreisen gewählt, die andere Hälfte nicht. Hier wurde Gleiches offensichtlich ungleich behandelt. Das verletzt den Grundsatz der Gleichheit vor dem Gesetz nach Art. 3 GG. Es verletzt vor allem aber den Grundsatz der gleichen Wahl in Art. 28 und Art. 38 GG. Inzwischen sind 12 von 299 direkt gewählten Abgeordneten aus dem Bundestag wieder ausgeschieden: Stand 11.4.2024. An ihre Stelle sind 10 nicht direkt gewählte Anwärter aus verschiedenen Landeslisten der Parteien nachgerückt, [64] über die nicht einzeln, sondern pauschal abgestimmt wurde. Und die beiden Wahlkreise, Nr. 299/Passau bzw. 242/Erlangen, bleiben leer. Dort wurde niemand nachgewählt, und es rückte auch niemand nach. Die Ungleichheit der Wahl nahm also nicht ab, sondern noch weiter zu. Die Soll-Zahl der in § 1 Abs. 2 BWahlG gesetzlich angeordneten 299 Direktmandate sank daher auf 287 herab. Aus 299 Wahlkreisen blieben 12 „contra legem" ohne Mandatsträger. Stattdessen nahm die Zahl der Listenplätze um 10 Sitze zu.

Im Ergebnis werden bei der Listennachfolge-in-Direktmandate Zweitstimmen zu Erststimmen gemacht, ein fataler Denk- und Zählfehler, aber auch ein Rechtsfehler: Denn die Wähler haben ja keinen Anspruch auf 12 vakante Wahlkreise, sondern auf jeweils einen der 299 direkt auszuwählenden Volksvertreter. So will es das Gesetz.[65] Doch niemand kümmerte sich darum. Bei mindestens 3 der 12 ausgeschiedenen Abgeordneten verringerte sich außerdem auch der Abstand zwischen Direktmandaten und Listenplätzen der Landesparteien, weshalb dort der sog. „Überhang" absank. Der sog. „Ausgleich" der Wahl wurde aber nicht in gleichem Umfang zurückgeführt, und es entstanden noch mehr „überhanglose" Ausgleichsmandate, die in dreifacher Überzahl (!) ohnehin schon zu beklagen waren.

---

63 Vgl Art. § Abs. 1 Satz 1 GG.
64 Vgl. Mitteilung des Bundestags: https://www.bundestag.de/abgeordnete/biografien/ausgeschiedene.
65 Vgl. § 1 Abs. 2, § 4 und vor allem § 5 Abs. 1Satz 1 BWahlG.

f) Der Fall Stefan Müller

Stefan Müller (CSU) hat sein Direktmandat im Wahlkreis Nr. 242/Erlangen zum 31. Mai 2024 an die Wähler in Erlangen zurückgeben, um den Vorsitz im Genossenschaftsverband Bayern (GVB) zu übernehmen. Weil es um ein sog. „Überhangmandat" ging, drohte den Wählern aus Erlangen das gleiche Schicksal, das sie zwei Monate zuvor schon in Passau ereilt hatte. Auch die Wähler aus Erlangen wurden ihrer Erststimmen beraubt, die ihnen nach § 1 Abs. 2; § 4; und § 5, Satz 2 BWahlG „de lege lata,", also schon nach geltendem Recht, zustanden. Der Wahlkreis blieb leer.

Leider haben sich auch die Erlanger ihr gutes Recht aus der Hand winden lassen, einen Mitbürger aus ihrem Heimat-Wahlkreis Nr. 242/Erlangen mit der Erststimme in den 20. Deutschen Bundestag zu wählen bzw. zu ersetzen. Sie konnten sich nicht dazu durchringen, mit einer Wahlprüfung nach Art. 41 GG gegen diese gesetzgeberische Willkür Front zu machen. Auch ist die Frist für eine Wahlanfechtung längst verstrichen. Grundsätzlich gilt für Passau wie für Erlangen: Was mit der Erststimme zu entscheiden ist, kann nicht mit der Zweitstimme entschieden und schon gar nicht annulliert werden. Denn das verletzt das Gebot der Gleichbehandlung und das Willkürverbot des Art. 20 Abs. 1 u. Abs. 3 GG gleichermaßen. Trotz Anfechtung v. 27. Juni 2024 (Az. WP 2159/21) hat sich vor dem Ende der 20. Legislaturperiode keine richterliche Abhilfe erreichen lassen.

g) Der Fall Andreas Scheuer

Am 1. April machte die Nachricht die Runde, Andreas Scheuer (CSU) habe genau zu diesem Termin sein „Überhangmandat" im Deutschen Bundestag den Wählern in Passau „vor die Füße geworfen". Der umstrittene Politiker war bei der Bundestagswahl v. 26. September 2021 im Wahlkreis Nr. 229/Passau mit 30,7 % der Erststimmen verlustreich, aber ordnungsgemäß in den 20. Bundestag wiedergewählt worden, kein besonders „rosiges" Wahlergebnis. Gleichzeitig wurde den verdutzten Bürgern aus Passau die Erststimme aus der Hand geschlagen. Denn ihr Wahlkreis sollte bis zum Ende der Legislaturperiode unbesetzt bleiben.[66] Das stünde so im Gesetz. [67]

---

66 Vgl. dazu den Wahleinspruch WP 2/24 zugänglich unter https://www.manfredhettlage.de/der-leerstand-im-wahlkreis-nr-229-passau/#more-13143.
67 Vgl § 48 Abs. 1, Satz 3 BWahlG v. 13. Juni 2023 (BGBl I Nr. 147) mit Hinw. auf § 6 Abs. 6, Satz 4 BWahlG.

Überall auf der Welt werden leer stehende Wahlkreise durch Nachwahl neu besetzt - in Passau nicht! Wieso? Wäre die Abgeordnete der Grünen, Jamila Anna Schäfer, im Wahlkreis Nr. 219/München-Süd aus dem Bundestag ausgeschieden, wäre wenigstens ein Anwärter von der bayerischen Landesliste der Grünen nachgerückt. Totaler Leerstand jedoch in Passau? Allein zu Lasten der CSU? Nicht so in München-Süd, wo die Grünen – ohne jede Nachwahl – einen Nachrücker aus der bayerischen Landesliste aus dem Hut zaubern dürfen, der gar nicht für den Wahlkreis München-Süd aufgestellt und dort selbst auch nicht gewählt wurde? – Wieso denn das? Alle Wähler sind gleich, nur in Passau nicht? Durch welchen „Koalitionspoker" ist denn dieser Unfug in das BWahlG hineingepresst worden? Und warum ließ sich diesem Unfug trotz Wahlanfechtung v. 24.4.2024 (Az. 2158/21) und Verfassungsbeschwerde v. 1.7.2025 (Az.2 BvC 5/24) bis zum Ende der Legislatur kein Ende setzen?

h.) Der Fall Wolfgang Schäuble

Wolfgang Schäuble (CDU) ist am 26.12.2023 verstorben. In das sog. „Überhangmandat" von Schäuble ist Stefan Kaufmann von der Landesliste der CDU in Baden-Württemberg nachgerückt. Das war schon deshalb ungesetzlich, weil sog. „Überhänge" nach geltendem Recht v. 2020 nicht mehr nachbesetzt werden.[68] Die Listennachfolge war also zu unterlassen, unterblieb aber nicht. Wie auch immer, würde auch im Fall einer unrechtmäßigen Listennachfolge das Direktmandat im Wahlkreis Nr. 284/Offenburg so oder so vakant bleiben.[69] Denn die Zahl der vorgegebenen 299 Direktmandate sank um einen Sitz ab. Doch die Offenburger haben keinen Rechtsanspruch auf einen Nachrücker aus den Landeslisten in Baden-Württemberg. Sie haben Anspruch auf einen von den Offenburgern direkt gewählten Offenburger, der aus ihrem heimatlichen Wahlkreis stammt.

Ein Irrtum kommt selten allein. Beim Wahlgang v. 26. September 2021 in Baden-Württemberg sind bei der CDU 12 sog. „Überhänge" entstanden. Diese wurden durch 13 sog. „Ausgleichsmandate" zu Gunsten anderer Parteien überkompensiert. Wieso 13 Ausgleichsmandate? Kann denn der Ausgleich größer sein als der

---

68 Vgl. dazu § 48 BWahlG.
69 Vgl. https://www.bundestag.de/webarchiv/abgeordnete/biografien19/S/schaeuble_wolfgang-523184; und: https://www.bundestag.de/abgeordnete/ausgeschiedene-abgeordnete-inhalt-874188.

Überhang? Hier hat sich der damalige Wahlleiter, Georg Thiel, offensichtlich verrechnet. Das wurde von niemandem gerügt und schon gar nicht berichtigt.

In Baden-Württemberg bleibt also das verwaiste Direktmandat Schäubles „wüst und leer". Hier musste die amtierende Wahlleiterin, Ruth Brand, einschreiten, tat es aber nicht. Sie muss das Wahlergebnis in Baden-Württemberg nachzählen und den überhöhten Ausgleich zeitnah herabsetzen lassen, damit sich wenigstens nach dem Ausscheiden von Schäuble „Überhang" und „Ausgleich" in Baden-Württemberg die Waage halten. Selbst das trat nicht ein. Und wenn im BWahlG etwas anderes steht, um so schlimmer für das missratene Gesetz, und noch schlimmer für den parlamentarischen Gesetzgeber. Der Fall Wolfgang Schäuble wurde in der 20. Legislaturperiode nicht auf dem Rechtsweg angegriffen. Eine Wahlprüfung nach Art. 41 Abs. 1 GG fand nicht statt.

i) Der Fall Heiko Maas

Der Fall Schäuble ist kein Einzelfall. Heiko Maas (SPD) hat den Bundestag schon am 31.12.2022 verlassen. Er ist im Wahlkreis Nr. 297 (Saarlouis) ordnungsgemäß direkt gewählt worden. In das sog. „Überhangmandat" von Heiko Maas rückte – gesetzwidrig auch hier! – Emily Vronz von der Landesliste der Saarländer SPD nach, obwohl „Überhänge" nicht mehr nachbesetzt werden, weil die Listennachfolge in sog. „Überhänge" untersagt ist.[70] Das kümmerte aber niemand: In Offenburg nicht, und in Saarlouis zweimal nicht. Das angeblich „verbotene" Direktmandat (von Heiko Maas) wurde mit einem Listenplatz (von Emily Vronz) vertauscht. Der Wahlkreis Nr. 297 von Heiko Maas bleibt also leer. Im 20. Deutschen Bundestag fehlte deshalb auch ein direkt gewählter Saarländer. Die Gesamtzahl der 4 gesetzlich vorgeschriebenen Direktmandate sank auch an der Saar um ein Mandat ab. Das einzige „Ausgleichsmandat" besteht unberührt fort, obwohl der einzige Überhang weggefallen ist.

Bei der Besetzung des Bundestages stehen dem kleinen Land 7 Plätze zu (Landessitz-Kontingent). Tatsächlich sitzen aber 9 Saarländer im Bundestag. Denn auch im Saarland wurde, nach den Ermittlungen von Wahlleiter Thiel ein angeblich „verbotenes" Direktmandat aufgespürt und zum Wahlergebnis hinzugezählt, statt abgezogen. Der vermeintliche „Überhang" wurde auf das ausgezählte

---

70 Vgl. https://www.bundestag.de/abgeordnete/biografien/M/maas_heiko-857754; und: https://www.bundestag.de/abgeordnete/ausgeschiedene-abgeordnete-inhalt-874188.

Wahlergebnis „draufgesattelt", und danach durch ein zusätzliches „Ausgleichs-mandat" verdoppelt. Zwei nachgeschobene „Zusatzsitze" [71] also, für die es keine Stimmzettel gibt, weil niemand über sie abgestimmt hat? – Irgendwie krumm und schräg das Ganze.

Welche Partei vom Ausgleich - rechtsfehlerhaft - begünstig wird, verschwieg der damalige Wahlleiter sowieso. Im Saarland wird zugunsten einer anderen Partei demnach etwas kompensiert, was es dort nach dem Ausscheiden von Heiko Maas, also seit dem 31.12.2022, gar nicht mehr gibt. Denn ohne Überhang kein Ausgleich. Das Wahlergebnis muss daher überprüft, das überzählige „Ausgleichsmandat" ermittelt und gestrichen werden. Dies geschah aber nicht. Die oberste Wahlhüterin, Ruth Brand, zeigte sich uneinsichtig und hoffnungslos im Verzug, trat aber nicht zurück. Auch der Fall Heiko Maas wurde nicht auf dem Rechtsweg angegriffen. Und wo kein Kläger, da kein Richter.

j) Der Fall Yasmin Fahimi

Yasmin Fahimi (SPD) hat schon am 3.1.2022 den Bundestag verlassen. Sie ist im Wahlkreis Nr. 042 (Hannover-Stadt) direkt gewählt worden. In das sog. „Über-hangmandat" von Fahimi rückte - auch hier rechtswidrig - Daniela De Ridder von der Landesliste der SPD nach, die gar nicht aus Hannover, sondern von irgend-woher aus Niedersachsen kommt.[72] Die untersagte Listennachfolge in „Über-hänge" wurde vom damaligen Wahlleiter, auch im Fall Fahimi ignoriert. Georg Thiel kann aber nicht zurücktreten, denn er ist nicht mehr im Amt.

Auch in Niedersachsen ist ein Direktmandat mit einem Listenplatz vertauscht worden. Aus Zweitstimmen wurden auch hier Erststimmen gemacht - ein grober Zählfehler. Damit nicht genug, gab es auch in Niedersachsen nur ein einziges sog. „Überhangmandat", dafür von Anfang an aber 13 Ausgleichsmandate – in Worten: „dreizehn"! Der Ausgleich überstieg den Überhang in Niedersachsen also um das 13-Fache, ohne dass der damals amtierende Wahlleiter, Georg Thiel, diesen bizarren Zählfehler bei der Zuteilung der sog. „Ausgleichsmandate" be-richtigt hätte. Ein so abenteuerlicher Gesetzgebungspfusch muss dem Wahlge-setzgeber erst einmal einfallen, bevor ihn der amtierende Wahlleiter blindlings

---

71 Vgl. Schreiber/Strelen. BWahlG 2017, § 6, Rdnr. 29: „Ausgleichssitze sind Zusatzsitze".
72 Vgl. https://www.bundestag.de/webarchiv/abgeordnete/biografien19/F/519354-519354; und: https://www.bundestag.de/abgeordnete/ausgeschiedene-abgeordnete-inhalt-874188.

zur Ausführung bringen und der Bundestag „eisern" daran festhalten kann. Der Fall Jasmin Fahimi wurde ebenfalls nicht auf dem Rechtsweg angegriffen, der Missstand wurde nicht gerügt und hatte bis zum Ende der 20. Legislaturperiode Bestand.

4. Das Berliner Tohuwabohu
sucht seines Gleichen und fand es auch

Das Tohuwabohu bei der Nachwahl am Faschingssonntag, den 11. Februar 2024, lässt sich kaum noch „toppen". Für das Bundesland Berlin sind drei Abgeordnete zum Zuge gekommen, die gar nicht in Berlin, sondern in Niedersachsen, in NRW und in Hessen zur Wahl standen, bei der Bundestagswahl vom 26. September 2021 dort aber nicht zum Zuge gekommen sind. – Wie kommt jemand aus Hessen, Niedersachsen oder NRW in die Abordnung der Volksvertreter aus dem Bundesland Berlin?

k) Der Fall Anna-Maria Trasnea und andere

In Berlin verlor Anna-Maria Trasnea (SPD) den Sitz auf der Berliner Landesliste ihrer Partei. Für sie rückte Angela Hohmann (SPD) aus der Landesliste für Niedersachsen nach. – Wieso Niedersachsen, wo am 11. 2. 2024 überhaupt nicht gewählt wurde? Auch der Listenplatz der Berlinerin, Nina Stahr (Grüne), ging an Franziska Krumwieder-Steiner aus NRW. – Wieso NRW, wo ebenfalls keine Wahl stattgefunden hat? Der Listenplatz von Pascal Meiser wäre eigentlich an Christine Buchholz (DIE LINKE) aus Hessen gegangen, die dort aber nicht mehr auf der Warteliste stand. Für Meisner in Berlin ist deshalb aus dem weit entfernten Hessen Jörg Cezanne nachgerückt.[73] Wieso Hessen, wo ebenfalls niemand zu den Wahlurnen gegangen ist? Und wieso ließ sich trotz Wahleinspruch v. 26.2.2024 (Az. WP 2/24) und trotz Verfassungsbeschwerde v. 1.7.2024 (Az. 2 BvC 4/24) das Berliner Tohuwabohu vor dem Wegfall der Geschäftsgrundlage am Ende der 20. Legislaturperiode nicht beenden?

---

73 Vgl. Hessenschau v. 12.2.2024: https://www.hessenschau.de/politik/nach-wahl-in-berlin-linken-politikerin-buchholz-lehnt-bundestagsmandat-ab-v2,kurz-buchholz-mandat-100.html.

l) Der Fall Lars Lindemann

Ein viertes Mandat ist spurlos verschwunden.[74] Man glaubt es nicht. Aber bei der FDP ist der Listenplatz von Lars Lindemann ersatzlos gestrichen worden. Die Gesamtzahl der Mitglieder des Bundestags sank deshalb von 736 auf 735 Köpfe ab. Kann der zuständige Wahlleiter, Prof. Stephan Bröchler, einen Sitz aus der Abordnung der Mandatsträger von Berlin, so einfach in die Spree werfen, ohne dass der Föderalismus absäuft? [75] Doch, das kann er! Und das tut er sogar! Und niemand kümmert das!

Drei Verschiebungen und eine Streichung bei den Listenplätzen, die der Landeswahlleiter, Prof. Bröchler, in seiner Eigenschaft als Wahlorgan bei der Teilwiederholung der Wahl zum 20. Deutschen Bundestag, am 11. Februar 2024, zum Nachteil der Abordnung aus Berlin verfügt hat, verletzen den Länderproporz der Föderation. Das war zu unterlassen und ist wieder rückgängig zu machen. In Berlin gab es außerdem vier „Ausgleichsmandate", aber keinen einzigen „Überhang". Wozu der Ausgleich? Wurden hier die Wähler vom Landeswahlleiter, Bröchler, schon wieder auf den Arm genommen? Der Fall Lars Lindemann und andere wurde auf dem Rechtsweg erfolglos angegriffen. Das Berliner Tohuwabohu hatte bis zum Ende der Legislaturperiode Bestand.

Die Berliner Abordnung im Deutschen Bundestag erinnert stark an das italienische „Porcellum", jene „Sauerei" also, wie sie in Italien unter Silvio Berlusconi gang und gäbe war, später aber mit dem sog. „Rosatellum" beendet wurde. Das Tohuwabohu, das sich am Faschings-Sonntag in Berlin ereignet hat, suchte seines Gleichen und fand es auch.

5. Der Länderproporz blieb überall auf der Strecke, außer in Bremen

Deutschland „ist ein Bundesstaat". So will es Art. 20 Abs. 1 Grundgesetz. Wie in den USA werden die Abgeordneten auch in Deutschland getrennt nach Ländern gewählt. Ein „popular vote" für alle 50 nordamerikanischen Bundesstaaten gibt

---

74 Vgl. https://www.bundestag.de/dokumente/textarchiv/2024/kw06-wiederholungswahl-berlin-989202. Ferner Tichys Einblick v. 2.3.2024, „Chaos-Wahl in Berlin?" v: https://www.tichyseinblick.de/gastbeitrag/wahl-wiederholung-berlin-listenplaetze.
75 Vgl. das Wahlprüfungsverfahren (WP 2/24) v. 26.2.2024 https://www.manfredhettlage.de/wahlpruefung-schriftsatz-ergaenzung. /Vgl. auch A2 2 BvC 4/24 I.)

es nicht. Auch in Deutschland sind die Zweitstimmen keine Bundesstimmen, sondern Landesstimmen. Bundesstimmen gibt es auch in Deutschland nicht. Die Volksvertreter werden länderweise gewählt. So wird über die Abordnung aus Berlin einzig und allein von Wahlberechtigten aus Berlin, über die bayerische nur im Freistaat Bayern abgestimmt, usw. Nicht nur die CSU, natürlich auch die bayerische SPD, wie die bayerische FDP usw., sie alle können nicht außerhalb der jeweiligen Landesgrenzen gewählt werden. Und weil es keine Bundesstimmen gibt, können Landeslisten nicht durch eine bundesweite Sperrklausel von der Wahl ausgeschlossen werden. Nicht nur die CSU, alle Parteien treten in allen Ländern mit separaten Landeslisten an. Die Bemessungsgrundlage für die Sperrklausel ist also die Summe aller Zweitstimmen, aber nicht im Bund, sondern im jeweiligen Bundesland. Das hier aber nur am Rande

Die 16 verschiedenen Landessitzkontingente werden vom Bundeswahlausschuss an Hand der unterschiedlich großen Bevölkerungsanteile in der vergangenen Legislaturperiode festgestellt und für die nachfolgende Legislaturperiode im Bundestag beschlossen. Diese Kontingente können in keinem der 16 Länder über- oder unterschritten werden. Die herrschende Praxis ist jedoch eine ganz andere. In keinem der 16 Bundesländer stimmen die einzuhaltenden Sitzkontingente mit der Kopfzahl ihrer Abordnung für den Bundestag überein - Bremen ausgenommen. So standen 2021 dem Saarland 7 Mitglieder des Bundestages zu. Dort gab es aber 9 Saarländer. Bayern durfte 93 Parlamentarier in Plenum des Parlaments wählen, es saßen dort aber 117 Bayern. Gemessen an seinem Bevölkerungsanteil standen dem Bundesland NRW 127 Volksvertreter zu. Tatsächlich kamen 156 Mitglieder des Bundestages aus NRW. Dort sind 28 Ausgleichsmandate entstanden. Es gab in NRW aber kein einziges Überhangmandat. Der Länderproporz blieb überall auf der Strecke: Mal mehr mal weniger; am meisten in NRW; nur in Bremen nicht!

In allen 16 Bundesländern, außer Bremen, stimmten die grundrechtlich vorgegebenen Landessitz-Kontingente nicht mit der Zahl der Mandate überein, die den Bundesländern tatsächlich zugeteilt wurden. „Verhältnisausgleich" und Föderalismus sind miteinander unvereinbar. Jede nachträgliche Zuweisung von Überhang- und Ausgleichsmandaten verletzt das Verfassungsprinzip der föderativen Eigenständigkeit und Bundesstaatlichkeit und steht damit im Widerspruch zum Grundgesetz ohne dass sich daran im Verlauf der 20. Legislaturperiode etwas geändert hätte.

6. Bei 70 Ausgleichsmandaten
fehlt sogar der Überhang

Sichtbar ist immer nur die Spitze des Eisbergs. Das große Desaster entstand aber schon am 15. Oktober 2021. Bundeswahlleiter war damals Georg Thiel. Er habe nach der Wahl vom 26. September 2021 in Deutschland insgesamt 34 angeblich „verbotene" Direktmandate, sog. „Überhänge", aufgedeckt, so verkündete der „Wahlhüter" sinngemäß. Diese könne er aber nicht eliminieren, weil alle 299 Mandatsträger in ihren Wahlkreisen mit den meisten Erststimmen direkt gewählt worden seien. Wer in seinem Wahlkreis gesiegt hat, dem steht sein Direktmandat ohne Wenn und Aber zu. Dessen ungeachtet hat Wahlleiter Thiel die 34 angeblich „verbotenen" Mandate vom Wahlergebnis nicht etwa abgezogen, sondern hingezählt und danach durch 104 zusätzliche Ausgleichsmandate um mehr als das Dreifache turmhoch überkompensiert. Diese „Milchmädchen-Rechnung" kann allein der Höhe nach niemand nachvollziehen.[76]

Aus 299 Wahlkreisen können nicht mehr als 299 Direktmandate entstehen. Bei 299 Direktmandaten verbleiben 299 verteilungsfähige Listenplätze, um die Soll-Zahl der 598 Plätze im Bundestag mit 598 gewählten Abgeordneten zu besetzen. Für irgendwelche „Überhänge" gibt es jenseits der 299 Wahlkreise keinen Raum. Ohne Stimmkreis keine Abstimmung, und ohne Abstimmung kein Mandat, also auch kein sog. „Überhangmandat", und vor allem auch kein „Ausgleichsmandat". Fehlt der Überhang, fehlt der Rechtsgrund für den Ausgleich. Die Nachfolgerin von Georg Thiel, die amtierende Wahlleiterin, Ruth Brand, weigerte sich hartnäckig, diese Irrtümer so schnell wie möglich aus der Welt zu schaffen. Es sei doch alles in bester Ordnung, behauptete sie sogar.[77] Das war aber nicht der Fall!

Einen Ausgleich im Unrecht, das gibt es nicht, und kann von niemand eingefordert werden. Der „Deutsche Michl" kratzte sich aber allein schon deshalb hinter dem Ohr, weil der horrende Ausgleich von 104 nachgeschobenen Zusatzsitzen den vermeintlichen „Überhang" von nur 34 angeblich „verbotenen" Direktmandaten um mehr als das Dreifache überstieg. Zieht man Ausgleich und Überhang voneinander ab, bleiben 70 Ausgleichsmandate übrig, bei denen sogar der Über-

---

76   Zur grundsätzlichen Kritik am dualen Wahlsystem mit zwei Stimmen vgl. Tichys Einblick v. 26.2.2024 „Nicht zweimal in derselben Sache – Einspruch gegen die typisch deutsche Zwei-Stimmen-Wahl." https://www.tichyseinblick.de/meinungen/zwei-stimmen-wahlsystem/
77   Im persönlichen Schriftwechsel mit dem Verantwortlichen unter den Autoren.

hang fehlt. Weil es dafür keinen Rechtsgrund gab, waren diese 70 „überhanglosen" Ausgleichsmandate unheilbar null und nichtig und die 70 Pseudo-Abgeordnete hätten den Bundestag sofort verlassen müssen – haben es aber nicht getan!

7. Und über 138 Zusatzsitze
hat überhaupt niemand abgestimmt

Es ist wie es ist: Bei 70 Ausgleichsmandaten fehlte der Überhang. Das ist aber nur die halbe Wahrheit: Die Abordnungen der 16 Länder werden gewählt, niemals aber nachträglich oktroyiert. Für 138 Mitglieder des 20. Deutschen Bundestages mit sog. „Überhang-" bzw. „Ausgleichsmandat" fehlte die basisdemokratische und außerparlamentarische Urwahl durch das Wahlvolk. Niemand hat über den Überhang, und niemand über den Ausgleich abgestimmt. Alle 138 Pseudo-Mandatsträger hatten im Plenum des Parlaments von Anfang an nichts verloren. Sie hätten das Hohe Haus ohne jeden Aufschub verlassen müssen, dachten aber nicht daran.

Die Präsidentin des 20. Bundestages, Bärbel Bas, darf sich nicht darüber wundern, dass die Bürger, wie einst Honré Daumier, ihr Parlament als "gesetzgebenden Bauch" beschimpfen, der nur an den Diäten interessiert ist. Der geballte Volkszorn konnte nicht verhindern, dass im Bundestag 138 Pseudo-Abgeordnete „Staatsknete" abkassiert haben, die überhaupt nicht gewählt worden sind. Gegen diese Plünderung der Staatskasse hätte der Rechnungshof einschreiten müssen, das tat er aber nicht.

Alle 70 „überhanglosen" Ausgleichsmandate waren unheilbar null und nichtig. Die betroffenen Mandatsträger wurden aber nicht ausfindig gemacht und haben den Bundestag auch nicht verlassen! Schlimmer noch: Bei 138 Zusatzsitzen fehlte die unerlässliche Abstimmung durch das souveräne Wahlvolk. Um das angemessen zu kritisieren, fehlen die passenden Worte.

8. Das ist eine akute Staatskrise!

Das BWahlG v. 14.2.2020 (BGBl I, 2395) ist ein dorniges Normengestrüpp aus Vorschriften, die in übernächtigten Koalitionsverhandlungen hastig „übers Knie gebogen" wurden.[78] Das Volk tut seien Willen in regelmäßig wiederkehrenden Wahlen kund. „Mehrheit entscheidet."[79]... in Passau fehlte der direkt gewählte Volksvertreter! ... in Erlangen ebenso! In allen 12 unbesetzten Wahlkreisen wurden die Wähler der Erststimmen beraubt, die ihnen zustehen; etc. etc. Im 20. Deutschen Bundestag gab es 138 „blinde Passagiere", für die man in den Wahlurnen keine Stimmzettel ausfindig machen konnte, weil weder über die 104 sog. „Ausgleichsmandate" noch über die 34 sog. „Überhänge" abgestimmt worden ist. Jeder siebte Abgeordnete ist gar nicht gewählt worden! Was für ein atemberaubendes Debakel![80] Was für ein unfassbarer Supergau! Das ist kein „Blechschaden", auch kein „Totalschaden" der Demokratie. Das ist eine akute Staatskrise, die vor allem auch das Staatsoberhaupt nicht tatenlos hinnehmen kann, sich dafür aber nur mäßig interessiert![81]

Der parlamentarische Wahlgesetzgeber, er war schon immer auf dem „Holzweg": Warum zweimal abstimmen, um ein Mandat zu vergeben?[82] Das macht keinen Sinn! Der 20. Deutsche Bundestag wird als bedrückender Albtraum in die Geschichte des BWahlG eingehen, in dem sich Willkür und Verfassungsbruch vermischen. Niemand kann physisch zweimal im Bundestag sitzen. Pro Kopf eine Stimme! Pro Wahlkreis ein Mandat! Einmal abstimmen ist genug! Findet der quälende Albtraum 2025 ein Ende? Wacht der Wahlgesetzgeber endlich auf? Leider ist das nicht der Fall. Er kann nicht davon ablassen, zweimal über die gleiche Sache abzustimmen zu lassen, wer Mitglied des Bundestags wird. – Und das ist doch die Ursache allen Übels.

---

78 Das BVerfG v. 3.7.2008, BVerfGE 212, 266 (Entscheidung zum „negativen" Stimmengewicht), redet noch vom "kaum noch nachvollziehbaren Regelungsgeflecht". Ganz anders die krasse Fehlentscheidung des BVerfG v. 29. 11. 2023 (Az. 2 BvF 1/21).
79 Vgl Art. 2, Abs. 2, Satz 2 BayLV.
80 So jedenfalls anfangsweise auch H. Meyer in: DÖV 8/2015, S. 700 (703): „Das Leiden am Bundeswahlgesetz".
81 Vgl. dazu die Petition an das Staatsoberhaupt und andere (Az.: Pet 2-20-02-111), die am 4. Juli 2024 im Plenum des Bundestages niederge-stimmt wurde (näheres in BT-Drucksache 20/12129.)
82 Bei der EU-Wahl wurde nur einmal abgestimmt. Vgl. § 1 Abs 1 Satz 3 EUWahlG. Vgl. dazu auch: NJOZ 2020, 1249: „Für ein Mandat zwei-mal zur Wahlurne gehen?"

Anhang

ZWEI BÜRGERKLAGEN, ZWEI WAHLBEANSTANDUNGEN, ACHT WAHLPRÜFUNGEN UND SIEBEN VERFASSUNGS-BESCHWERDEN

STREITSACHE	EINGANGSINSTANZ	LETZTINSTANZ

2023

1.) Bürgerklage / Art. 93 Abs 1 Ziff. 4a) GG / BWahlG (BGBl I Nr. 147)

STREITSACHE	EINGANGSINSTANZ	LETZTINSTANZ
Gegen das BWahlG (BGBl I, Nr.147)	Direktklage Bundestag unzuständig	BVerfG (2 BvR 842/23), Beschwerde nicht angenommen

Nach § 93 a) und b) BVerfGG nicht zur Entscheidung angenommen. Link zum Schriftsatz: https://www.manfredhettlage.de/an-das-bundesverfassungsgericht

2.) Wahlbeanstandung / Art. 33 und 63 BayVerf / Landtagswahl 2023

	STREITSACHE	EINGANGSINSTANZ	LETZTINSTANZ
A	Landtagswahl / Bayern, "Hettlage-I"	Landtag (P II-1003-1-18) abgewiesen: „unbegründet"	VGH/Beschwerde (Vf. 24-III-24) Schriftsatz zugestellt 4/2024
B	Landtagswahl / Bayern „Hettlage-II"	Landtag (P II-1003-1-24) abgewiesen: „unzulässig und unbegründet"	VGH/Beschwerde (Vf. 24-III-24) Schriftsatz zugestellt 4/2024

LT-Drucksache 19/1552, Beschluss des Landtags v. 9.4.2024: Link zur Beschwerde vor dem Bay VGH: https://www.manfredhettlage.de/fehlbesetzungen-des-landtags

2024

3.) Wahlprüfung, / Art. 41 GG) / Wagenknecht

STREITSACHE	EINGANGSINSTANZ	LETZTINSTANZ
Unzulässiger Mandatswechsel zur BSW	Bundestag WP (Az. 2157/21) abgewiesen: „unbegründet"	BVerfG Beschwerde (2 BvC 3/24) Schriftsatz zugestellt: 1.7.2024

BT-Drucksache: 20/11300, Anlage 2, Link zur Beschwerde vor dem BVerfG: https://www.manfredhettlage.de/der-fall-wagenknecht-verfassungsbeschwerde

STREITSACHE	EINGANGSINSTANZ	LETZTINSTANZ

4.) Wahlprüfung / Art. 41 GG) / Berlin

Fehlerhafte Wiederholungswahl in Berlin	Bundestag WP (Az. 2/24) abgewiesen: „unbegründet"	BVerfG Beschwerde (2 BvC 4/24) Schriftsatz zugestellt: 1.7.2024

BT-Drucksache: 20/11300, Anlage 5 Link zur Beschwerde vor dem BVerfG:
https://www.manfredhettlage.de/der-fall-berlin-verfassungsbeschwerde

5.) Wahlprüfung / Art. 41 GG / Passau

Leerstand im Wahlkreis 229/ Passau	Bundestag WP (Az. 2158/21) abgewiesen: „unbegründet"	BVerfG Beschwerde (2 BvC 5/24) Schriftsatz zugestellt: 1.7.2024

BT-Drucksache: 20/11300 Anlage 3; Link zur Beschwerde vor dem BVerfG:
https://www.manfredhettlage.de/der-fall-passau-vwerfassungsbeschwerde

6.) Wahlprüfung / Art. 41 GG / Erlangen

Leerstand im Wahlkreis 242/Erlangen	Bundestag WP (Az. 215824/21) Schriftsatz zugestellt: 27.6.2024	BVerfG Beschwerde Schriftsatz in Vorbereitung

BT-Drucksache (Entscheidung im BVerfG steht aus)
https://www.manfredhettlage.de/erlangen

7.) Wahlprüfung / § 26 EU-WahlG / Europa-Wahl

EU-Wahl (6/2024): „Nicht unmittelbar, frei u. gleich".	Bundestag WP (Az: EUWP 68/24) abgewiesen, ungültig	BVerfG (AZ ...) Beschwerde zugestellt

Link: https://www.manfredhettlage.de/eu-wahl-anfgefochten,
BT-Drucksache: Entscheidung im BVerfG steht aus.

8.) Wahlprüfung / Art. 41 Abs. 1 GG / Sekmen

Sekmen, Mandatswechsel zur CDU	Bundestag WP (Az. 2161/21) Antrag zurückgewiesen	BVerfG (AZ ...) Beschwerde zugestellt

BT-Drucksache: Entscheidung im BVerfG steht aus.
https://www.manfredhettlage.de/sekmen

9.) Bürgerklage / Art. 93 Abs 1 Ziff. 4a) GG /

Fehlbesetzung, Bundesrat Nach den Landtagswahlen 2024	Direktklage Bundestag nicht zuständig	BVerfG Beschwerde (Az: AR 6726/24) 9.8.2024

https://www.manfredhettlage.de/bundesrat-buergerklage
Im allgemeinen Register auf „Abstellgleis". Entscheidung des BVerfG steht aus.

10.) Wahlprüfung / § 41 Abs. 1 BWahlG / Wissing

Wissing, Mandatswechsel Parteiloser	Bundestag WP (Az. 2162/21) Zugestellt	BVerfG Beschwerde Schriftsatz in Vorbereitung

Link: https://www.manfredhettlage.de/zwei-direktmandate-in-einem-wahlkreis
Entscheidung des BVerfG steht aus.

2025

11.) Wahlprüfung / Art. 41 GG / Bundestag 23.2.2025

Bundestagswahl 23.2.2025	Bundestag WP (Az.) Frist 14.4.2025	BVerfG (AZ ...) Beschwerde Schriftsatz in Vorbereitung

in Vorbereitung

12.) Bürgerklage / Art. 93 Abs 1 Ziff. 4a) GG / Volkssouveränität

Selbstbestimmungsgesetz	Direktklage Bundestag unzuständig	BVerfG Beschwerde Fristende 11/2025

in Vorbereitung

(Stand: Januar 2025)

Die herrschenden Irrtümer der herrschenden Meinung

Der 20. Deutsche Bundestag ist ein Narrenschiff. Seit der Wahl v. 26. September 2021 sind 12 Wahlkreise verwaist (Stand Februar 2024) und wurden nicht durch Nachwahl mit den Erststimmen mit einem Direktmandat wieder neu bestückt, obwohl das überall auf der Welt so geschieht. In Passau und in Erlangen wurden zwei Wahlkreise total „abgeschmolzen" als ob es auch dort keine Wähler gäbe, die Anspruch auf je einen der insgesamt 299 direkt zu wählenden Volksvertreter haben? Drei Nachrücker aus Hessen, Niedersachsen und NRW, die aus der Wahlwiederholung in Berlin v 11.2.2024 hervorgegangen sind, dort aber auf keinem Stimmzettel standen? Zehn Wagenknecht-Dissidenten sind Mitglieder des Bundestags, obwohl für das Bündnis-Sahra-Wagenknecht (BSW), das ja erst lange nach der Wahl vom 26. September 2021 entstanden ist, niemand irgendwann auch nur eine einzige Stimme abgegeben hat?

Insgesamt 34 Wahlkreis-Sieger, denen das wohlerworbene Direktmandat angeblich nicht zusteht und die deshalb durch 104 sog. „Ausgleichsmandate" kompensiert werden, so dass im Bundestag 138 Abgeordnete Sitz und Stimme haben, die einen nachgeschobenen „Zusatzsitz" bekleiden. Wieso 104 Ausgleichsmandate für nur 34 Überhänge? Das heißt doch, dass es für 70 Ausgleichsmandate gar keinen Überhang gibt und dass diese 70 Mandate deshalb unheilbar null und nichtig sind, weil der Rechtsgrund fehlt. Und zu allem Überfluss kommt noch hinzu, dass für die 138 nachgeschobene Zusatzsitze gar keine Stimmzettel beizubringen sind, weil weder über die 34 sog. Überhänge noch über die 104 Ausgleichsmandate abgestimmt worden ist. Was für ein unfassbarer Gesetzgebungspfusch, der nahtlos in die nächste Legislaturperiode hinübergleitet, weil das Verfassungsgericht den gordischen Knoten nicht durchtrennen und die herrschenden Irrtümer aus der herrschenden Meinung nicht verbannen kann.

Zurück zur Volkssouveränität

Zur Reform des BWahlG

Zweitveröffentlichung - Eine überarbeitete Vorstudie des Beitrags ist erschien in: Neue Juristische Online-Zeitschrift (NJOZ), v. 24.11.2022, S. 1441.

Das Bundeswahlgesetz wird vom Bundestag in Berlin als einfaches Recht mehrheitlich beschlossen. Eine Zustimmung des Bundesrates ist nicht vorgesehen. Die Verhältniswahl, wie sie in Art. 22 der Weimarer Reichsverfassung noch angeordnet war, wurde nicht in das Grundgesetz übernommen. Stattdessen kam eine hochkomplizierte Mischung aus der klassischen Personenwahl und der bloßen Parteienwahl zur Anwendung, was schlagwortartig als „personalisierte" Verhältniswahl bezeichnet wurde.

Die Zahl der Wahlkreise blieb schon seit 1949 hinter der Soll-Zahl der im Bundestag verfügbaren Sitze weit zurück. Die Abstimmung mit zwei eigenständigen Stimmen auf einem Stimmzettel, also mit einer Erststimme für die Direktmandate und einer Zweitstimme für den verbleibenden Rest der Abgeordneten, die nicht in Wahlkreisen, sondern länderweise gewählt werden, ist erst mit der zweiten Bundestagswahl 1953 eingeführt worden. Heute werden nur 299 Abgeordnete direkt, weitere 299 von ihnen aber „en bloc", d.h. pauschal gewählt. Dieses typisch deutsche „mixtum compositum", dieser Mischmasch hat durch Überhänge in nahezu jeder Legislaturperiode, ab 1994 meistens sogar zweistellige Abweichungen erfahren. Mit dem BWahlG v. 3. Mai 2013 sind die sog. „Ausgleichsmandate" hinzugekommen, die es zuvor nur in Bundesländern gab. Nach nur drei Legislaturperioden hat der Wahlgesetzgeber mit dem BWahlG v. 13. Juni 2023/ (BGBl I Nr. 147) das aber wieder rückgängig gemacht.

Für eine salomonische Reform an Haupt und Gliedern fehlte jedoch der politische Wille. Damit muss man sich wohl abfinden und sich deshalb bei allen Reformüberlegungen auf die unvermeidbaren Korrekturen beschränken. Der nachstehende Entwurf für ein erneuertes BWahlG folgt dem politischen Gebot, sich auf „minimalinvasive Eingriffe" zu beschränken und will so der abweichenden Mehrheitsmeinung die Zustimmung erleichtern. Er bleibt deshalb so eng wie möglich am Wortlaut des gewohnten Rechts und übernimmt auch die bestehende Systematik in der Reihenfolge der einzelnen Vorschriften wie folgt:

Entwurf für eine Reform

Das Bundeswahlgesetz

Präambel

Kraft seiner gesetzgebenden Gewalt hat sich das deutsche Volk dieses Gesetz zur Auswahl der Männer und Frauen gegeben, die getragen von ihrer grundrechtlichen Verantwortung vor Gott und Mensch das ganze Volk bei der parlamentarischen Willensbildung im Deutschen Bundestag vertreten sollen. In dankbarer Erinnerung an die deutsche Wiedervereinigung hat es den Nationalfeiertag des 3. Oktobers zum Wahltag bestimmt.

§ 1 Zahl der Mitglieder
Die Vorschrift wird neu gefasst.

(1) Der Deutsche Bundestag besteht aus 598 (630) Mitgliedern. Ihre Gesamtzahl ist eine feste Größe. Die Volksvertreter werden länderweise gewählt. Ihre Kopfzahl pro Land kann nur durch Bundesgesetz verändert werden (föderatives Wahlsystem).

(2) Über die Abgeordneten wird in allgemeiner, unmittelbarer, freier, gleicher und geheimer Urwahl von den wahlberechtigten Deutschen abgestimmt. Sie kennzeichnen auf amtlichen Stimmzetteln, welcher Mann oder welche Frau sie für die Dauer der Legislaturperiode im Deutschen Bundestag vertreten soll (Personenwahl).

Begründung zu § 1: Die Zahl der Mitglieder des Bundestages ist eine feste Größe. Die Soll-Zahl des Plenums kann nicht von der Ist-Zahl der gewählten Mitglieder abweichen. Niemand kann über mehr Mandate abstimmen als im Parlament Plätze zur Verfügung stehen. Dadurch wird den sog. „Überhang-" und „Ausgleichsmandaten" der Boden entzogen. Eines der Hauptziele jeder Reform lässt sich dadurch mühelos erreichen.

§2 Wahlkreise und Landeslisten
Die Vorschrift wird neu gefasst.

(1) Das gesamte Wahlgebiet wird in 299 Wahlkreise von ungefähr gleicher Größe aufgeteilt. Die einzelnen Bundesländer sind daran im Verhältnis ihrer Bevölkerungsanteile zu beteiligen (Direktmandate)

(2) Zu den jeweiligen Direktmandaten eines Landes kommt die gleiche Zahl an Listenplätzen hinzu. Die Zahl der jeweilige Landessitzkontingente wird von der Wahlkreis-Kommission ermittelt und ist endgültig (duales Wahlverfahren).

Begründung zu §2: Das föderative Wahlverfahren mit festen Landeskontingenten schließt eine unbestimmte Gesamtzahl an Mitgliedern des Bundestages aus. Die Volksvertreter ziehen als Abordnung aus einem der 16 Länder in den Bundestag ein. Ihnen steht es frei, Fraktionen zu bilden, die in Österreich „Clubs" genannt werden.

§3 Einteilung der Wahlkreise
Die Reihenfolge der Absätze wird umgestellt: Aus Abs. 3 wird Abs. 2. Und Abs. 1 wird zu Abs. 3. Dem Abs. 2 n. F. wird ein vierter Satz neu hinzugefügt. Der Abs. 3 n. F. wird neu gefasst.

(2) Satz 4 „Von den Vorgaben der Wahlkreiskommission kann der Bundestag nur mit den Stimmen von zwei Dritteln seiner Mitglieder abweichen.

(3) Bei der Einteilung der Wahlkreise innerhalb der einzelnen Bundesländer sind die Landesgrenzen einzuhalten. Die Wahlkreise müssen ein zusammenhängendes Gebiet bilden. Die Gemeinden, Kreise und kreisfreien Städte sollen nach Möglichkeit ungeteilt erhalten bleiben. Die Größe der Wahlkreise bemisst sich nach der Kopfzahl ihrer Wohnbevölkerung. Dabei ist zu beachten, dass die Wahlkreise in den Bundesländern ungefähr gleich groß sind. Weicht im Wahlkreis die Kopfzahl der Wohnbevölkerung um mehr als 15 Prozent vom Durchschnittswert des Bundeslandes nach oben oder nach unten ab, muss ihre Einteilung korrigiert werden.

Begründung zu §3: Durch den neuen Satz 4 in Abs. 2 n. F. wird der Missbrauch abgewehrt, dass der Bundestag die Vorgaben der Wahlkreiskommission in den Wind schlagen kann und der Begünstigung durch den Zuschnitt der Wahlkreise, dem sog. „Gerry-Mandering" Tür und Tor geöffnet wird, was die durch die Wahlkreiskommission verhindert werden soll. Die Neufassung in Abs. (3) n. F. der Vorschrift strebt u. a. eine auch sprachliche Vereinfachung an.

In größeren Wahlkreisen sind für den Wahlsieg mehr Stimmen erforderlich als in kleineren. Diese Ungleichheit beim sog. „Erfolgswert" der Stimmen fällt aber nur mäßig ins Gewicht, denn es gibt in größeren Wahlkreisen ja auch mehr Wähler. Das Gleiche gilt für die unterschiedliche Wahlbeteiligung in den verschiedenen Bundesländern.

§ 4 Stimmen
Die Vorschrift wird neu gefasst.

(1) Jeder Wähler hat eine Stimme, trifft aber damit zugleich zwei Entscheidungen, und zwar über die Namen der Bewerber in den Wahlkreisen und über die Namen der Landesparteien in den verschiedenen Bundesländern (simultane Verbundabstimmung).

(2) Eine gespaltene Abstimmung findet nicht statt.

Begründung zu § 4: Bei der EU-Wahl v. 9. Juni 2024 wurde nur mit einer Stimme gewählt. Damit hat die typisch deutsche Zwei-Stimmen-Wahl ihre Rolle als Modellfall verloren: Keine Überhänge mehr, kein verfälschender Ausgleich der Wahlergebnisse, keine gegenläufigen Willenserklärungen bei der Abstimmung, d. h. kein sog. „Stimmensplitting". Und das mit einer simplen Korrektur des Verfahrens, die auf der Hand liegt.

Schon bei der ersten deutschen Bundestagswahl im Jahre 1949 wurde der Stimmzettel nur einmal gekennzeichnet, aber zweimal ausgewertet. Bei den Landtagswahlen in Baden-Württemberg wird noch heute so abgestimmt. Es gibt künftig also keine Erst- und Zweitstimmen mehr. Beide Begriffe müssen aus dem Gesetzestext vollkommen getilgt und durch den Oberbegriff: „Stimme" ersetzt werden. Dies schließt eine gespaltene Abstimmung aus und ist das Ende des widersinnigen „Stimmensplittings". An seine Stelle tritt die simultane Verbundabstimmung der Personenwahl in 299 Wahlkreisen hier, und die pauschale Parteienwahl mit Landeslisten für weitere 299 Abgeordnete dort (sog. „Grabenwahl").

Wohlgemerkt gelangen dabei die Abgeordneten auf völlig verschiedenen Wegen in das Parlament. Dem steht zuerst das Gleichheitsgebot der Verfassung entgegen. Das Gebot der Unmittelbarkeit kommt erschwerend hinzu. Beide verfassungsrechtlichen Risiken werden hier bewusst in Kauf genommen. Bei der

Listenwahl von 299 Abgeordneten ist nicht der Name der Person, sondern der Name der Partei ausschlaggebend. Eine Partei ist aber keine natürliche Person, kann nicht wählen oder gewählt werden und deshalb selbst und als solche nicht Parlamentarier sein. „Eine bloße Parteienwahl schließt die Verfassung aus." Vgl. BVerfG v. 26.2.1998, BVerfGE 97, 317 (323). Ohne Personifizierung durch die Erststimme war die „bloße" Zweitstimme für sich alleine genommen zu keiner Zeit verfassungskonform. Und für eine komplette Doppelwahl gab es seit 1949 noch nie genug Wahlkreise.

Über die Bewerber der Parteien wird „en bloc" abgestimmt. Aus der Liste kann keine unmittelbare Auswahl getroffen werden. Eine freie Auswahl aus einer offenen Namensliste der Landesparteien würde voraussetzen, dass alle Bewerber aller Landesparteien auf dem Stimmzettel gelistet sind: Bei maximal 93 gelisteten Bewerbern pro Partei etwa im Flächenstaat Bayern oder sogar 127 in NRW würden die Wähler zwangsläufig den Bezug zu den gelisteten Personen verlieren, die ihnen in den meisten Fällen unbekannt bleiben. Die Wahlgebiete dürfen also nicht zu groß sein, die Listen nur einige, wenige Namen enthalten, wenn sie hinreichend praxistauglich sein sollen. Die großen Flächenstaaten müssten daher in kleinere Regionen unterteilt werden (sog. kleine Verhältniswahl). Bei der Landtagswahl ist z.B. Bayern in sieben Bezirke unterteilt, bei der Bundestagswahl ist das nicht der Fall. Dafür gibt es nur eine einzige bayerische Landesliste mit max. 93 Positionen pro Partei. Zur Ausgestaltung des Stimmzettels besteht also noch erheblicher Diskussionsbedarf.

Alternativ kann man auf die Listenwahl ganz verzichten und alle 598 Abgeordneten nur mit einer Stimme, der früheren Erststimme, wählen, wie das in 299 Wahlkreisen ja schon jetzt geschieht. Im politischen Raum sind für ein solches Verfahren, das dem klassischen Grundsatz: pro Kopf eine Stimme, pro Wahlkreis ein Mandat folgt, in Deutschland keine Mehrheiten zu erkennen. Selbst das Verfassungsgericht hat die pauschale Parteienwahl mit geschlossenen Landeslisten nicht unterbunden, die bei strenger Auslegung dem Grundsatz der unmittelbaren Wahl widerspricht. Das Gericht hat bisher noch nie verlangt, dass auf dem Stimmzettel immer und ausschließlich ein volljähriger Mann oder eine volljährige Frau gekennzeichnet werden darf.

Wie auch immer, die „bloße" Verhältniswahl, wie sie in Art. 22 der Weimarer Reichsverfassung niedergelegt war, wurde mit Vorsatz nicht in das Grundgesetz übernommen. Die unmittelbare Personenwahl steht deshalb dem Grundgesetz viel näher als die nur mittelbare Verhältnis- oder Parteienwahl. Letztere zielt im Kern darauf ab, dass die Wähler nur mehr bestimmen, wie viele Abgeordnete einer Partei in das Parlament einziehen, während das souveräne Recht des Volkes untergeht, konkret und endgültig selbst zu entscheiden, wer Mitglied des Bundestages wird und wer nicht.

Bei der Ausgestaltung der Volkssouveränität wird es also entscheidend darauf ankommen, wie genau es das Bundesverfassungsgericht mit den Verfassungsprinzipien der unmittelbaren und der gleichen Wahl nimmt.

§ 5 Wahlkreise
Die Vorschrift bleibt unverändert.

§ 6 Landeslisten
Die Vorschrift wird neu gefasst.

(1) Landeslisten werden von Parteien und Wählervereinigungen aufgestellt. Nach Feststellung der verteilungsfähigen Listenplätze, die in den jeweiligen Bundesländern zur Verfügung stehen, wird an Hand der von den Landesparteien erlangten Stimmen-Anteile ermittelt, wie viele Sitze auf ihre Listen entfallen. Welcher Bewerber aus der Liste dabei zum Zuge kommt, ergibt sich aus der gesetzlichen Reihenfolge auf der Liste.

(2) Eine Landespartei, die im jeweiligen Bundesland weniger als 5 Prozent der gültig abgegebenen Stimmen erzielen konnte, wird aus der Aufteilung der Listenplätze ausgeschlossen. Hat eine Landespartei im Land mehr als ein Direktmandat erzielt, bleibt sie davon verschont (regionale Grundmandatsregel).

(3) Direktmandate sind keiner Sperrklausel unterworfen. (Bestandsgarantie).

Begründung zu § 6: Die Rechtsnorm des § 6 BWahlG in ihrer bisherigen Fassung verletzte noch immer die unerlässlichen Anforderungen der Verständlichkeit und Normenklarheit, wie sie das Verfassungsgericht seit 2008 – leider erfolglos – verlangt hat. Vgl. BVerfG 3.7.2008, BVerfGE 121, 266 (316). Eine Neufassung der Vorschrift war schon deshalb geboten. Trotz aller Bedenken gegen eine „bloße" Parteienwahl will es der parlamentarische Wahlgesetzgeber offenbar dabei belassen, dass auch künftig 299 Abgeordnete (jenseits der 299 Wahlkreise) über die Blockwahl in den Bundestag gelangen. Denn die Spitzenplätze auf den Landeslisten sind sog. „sichere Listenplätze". Bei ihrer Vergabe haben nicht die Wähler, sondern die Parteien das letzte Wort und können, am Wähler vorbei, durchsetzen, dass die Listenführer in den Bundestag einziehen. Der Wahlgesetzgeber muss deshalb entscheiden, ob er diese Entmündigung des Wählers in Kauf nimmt oder nicht. Und es bleibt Sache des Verfassungsgerichts, ob es dabei mitmacht oder nicht.

Begründung zu Abs. (1): Liegt die Gesamtzahl der 598 (630) Mitglieder des Parlaments bereits vor der Wahl fest, kann schon wegen der unverrückbaren Landeskontingente die Zahl der Mandate auch länderweise nicht überschritten werden. Föderalismus und Verhältnisausausgleich schließen sich gegenseitig aus. Alle in § 6 darauf abstellenden Vorschriften verlieren deshalb ihre Geltung. Erschwerend kommt hinzu: „Ausgleichssitze sind Zusatzsitze." So zutreffend Strelen (in: Schneider, BWahlG 2017, § 6, Rdnr. 29). Wahlen werden ausgezählt, niemals aber nachträglich ausgeglichen. Wer das Wahlergebnis nach der Wahl (!) durch Zusatzsitze ausgleicht, der verfälscht es auch. Man kommt daran nicht vorbei: Ohne Nachwahl sind Ausgleichsmandate auf keinen Fall verfassungskonform. Und diese Nachwahl hat es nie gegeben.

Begründung zu Abs. (2): Gewählt werden Landeslisten. Für eine Landespartei wäre die Bundessperrklausel eine willkürliche, überhöhte und deshalb auch rechtsfehlerhafte Bezugsgröße. Außerdem kann auch die Grundmandatsregel nicht auf den Bund bezogen werden, weil keine Landespartei außerhalb der Landesgrenzen irgendwelche Direktmandate erringen könnte. Für die Grundmandatsregelung im Land kommt ein Direktmandat außerhalb des Landes überhaupt nicht in Betracht.

Begründung zu Abs. (3): Die bisher gewohnte Bestandsgarantie für sämtliche Direktmandate wurde durch die sog. Zweitstimmen-Abdeckung außer Kraft gesetzt. Dieser Missgriff muss korrigiert werden: Einen Wahlkreissieger, dem der Sieg, also dem sein Direktmandat nicht zusteht, den gibt es nicht, auch wenn landauf, landab das Gegenteil behauptet wird. Wer die meisten Stimmen auf sich vereinigt hat, ist gewählt, weil es keinen besseren Bewerber gibt. Wem das nicht gelungen ist, der muss sich fügen. Mehrheit entscheidet. Und das gilt.

§ 7 Zusammenfassung zu Bundeslisten

Die Vorschrift lebt wieder auf und wird neu gefasst wie folgt: Eine Zusammenfassung von Landes- zu Bundeslisten findet nicht statt.

Begründung zu §7: Die Vorschrift des § 7 wurde auf Vorschlag des BVerfG v. 3.7.2008, BVerfGE 121, 266 (315) durch das BWahlG v. 25.11.2011 (BGB I S. 2313) aufgehoben. Die fakultative Zusammenfassung von Landes- zu Bundeslisten wurde damals unterbunden, um das sogenannte „negative" Stimmengewicht auszuschließen. Die Neufassung der Vorschrift greift dieses gesetzgeberische Ziel wieder auf und bekräftigt damit die Eigenständigkeit der Bundesländer.

Zweiter Abschnitt
§ 8 bis § 11 bleibt unverändert.

Dritter Abschnitt
§ 12 bis bleibt unverändert. § 13 Abs. Ziff. 5 wird ergänzt.

§ 13 Ausschluss vom Wahlrecht
§ 13 Abs. Ziff. 5 wird ergänzt.

(5) Erwiesene Staatsfeinde können weder im Wahlkreis noch auf Landeslisten zur Wahl aufgestellt werden.

Begründung zu §15: Die Klarstellung zieht daraus die Konsequenz, dass erwiesene Staatsfeinde zuerst als Person zur Verantwortung zu ziehen sind, bevor ein Parteienverbot in Betracht kommt.

§ 14 Wahlrecht
Die Vorschrift bleibt unverändert.

§ 15 Wählbarkeit
Abs. 1 und 2 bleiben unverändert. Abs 3. wird neu hinzufügt:

(3) Kein Bewerber kann zweimal zur Wahl aufgestellt werden. Eine doppelte Nominierung für einen der Wahlkreise und für die Landesliste einer Partei oder Wählervereinigung ist ausgeschlossen.

Begründung zu § 15: Ein Wahlbewerber kann schon nach geltendem Recht nur für einen Wahlkreis kandidieren oder auf der Namensliste einer Landespartei platziert werden. Die Doppelkandidatur im Wahlkreis und auf der Liste einer Landespartei war bisher jedoch ein Kernstück der „personalisierten" Verhältniswahl und galt allgemein als zulässig. Dieser Missstand ist zu beenden.

Zwei Stimmen sind immer auch zwei Wahlen. Das führt dazu, dass ein Wahlkreisverlierer bei den Erststimmen, über einen „sichern" Listenplatz, bei den Zweitstimmen für seine Partei trotzdem in den Bundestag einziehen kann. Die Zweistimmenwahl wirkt demnach wie eine „Überlebensversicherung" für Wahlkreis-Verlierer. Der sichere Listenplatz für die Listenführer erklärt die Beliebtheit der Verhältniswahl. Nun werden entweder alle 598 Abgeordneten zweimal gewählt oder keiner. Tatsächlich kann niemand physisch zweimal im Bundestag sitzen und schon gar nicht zweimal auf die parlamentarische Willensbildung Einfluss nehmen.

Wer aber nur einmal im Bundestag sitzen kann, darf folgerichtig nicht zweimal kandidieren, einmal im Wahlkreis und noch einmal auf der Landesliste. Kann man aber generell nur einmal kandidieren, verliert auch die Doppelabstimmung ihre fast unüberwindbare Attraktivität. Im Gegenzug gewinnt der klassische Grundsatz: Pro Kopf eine Stimme, pro Wahlkreis ein Mandat, der aus der Geschichte der Demokratie nicht wegzudenken ist, an Gewicht und wird am Ende vielleicht auch hierzulande doch noch mehrheitsfähig.

§ 16 Wahltag
Die Vorschrift wird neu gefasst:

(1) Über die Männer und Frauen, die sie bei der parlamentarischen Willensbildung vertreten sollen, stimmt das Volk am Nationalfeiertag des 3. Oktober ab (Volkssouveränität). Der Termin kann durch die Briefwahl um höchstens 30 Tage vorgezogen werden. Bei außerordentlichen Wahlen bestimmt und verkündet der Bundespräsident den Wahltag.

(2) Sieben Tage vor der Wahl ist die Veröffentlichung von Meinungsumfragen zur Vorhersage der Wahlergebnisse untersagt.

Begründung zu § 16: Diese Neuerung betont die historische Errungenschaft der freien Wahlen, die durch die friedliche Wiedervereinigung auch für diejenigen Teile Deutschland erreicht werden konnte, die davon ausgeschlossen waren.

Meinungsumfragen sind von der Wahlbeeinflussung nicht zu trennen. Das wird um so problematischer, je näher der Wahltermin heranrückt. Die ARD stellt daher eine Woche vor dem Wahltag, die Veröffentlichung von Wahlprognosen ein. Die Einschränkung der freien Meinungsäußerung und die Beeinflussung der freien Meinungsbildung vor der Wahl müssen maßvoll gegeneinander abgewogen werden.

§ 17 Wahltag
Die Vorschrift bleibt unverändert

§ 18 Taugliche Wahlvorschläge
Abs. 1 wird neu gefasst. Abs. 2 bis Abs 5 bleibt unverändert.

(1) Vorschläge von Bewerbern für einzelne Wahlkreise sind nur gültig, wenn sie von mindestens 200 Stimmberechtigten aus dem Wahlkreis eigenhändig unterzeichnet sind (taugliche Wahlvorschläge). Abgeordnete, die Mitglieder im Vorgängerparlament waren, sind davon befreit. Vorschläge zur Abstimmung über die Landeslisten bedürfen der Zustimmung von 2000 Unterzeichnern. Sie entfällt für Landeslisten, die im Vorgängerparlament präsent waren. Die Unterschriftensammlungen erfolgen auf amtlichen Formblättern.

Begründung zu § 18: Die Neufassung stellt darauf ab, für parteilose und parteigebundene Wahlbewerber vergleichbare Verhältnisse zu schaffen. Deshalb muss bei der Direktwahl grundsätzlich jeder Wahlvorschlag von mindestens 200 Stützunterschriften getragen werden. Abgeordnete, die bereits Mitglieder des Parlaments waren, müssen den Tauglichkeitsnachweis für ihre Kandidatur nicht erneut erbringen. Für gültige Landeslisten sind 2000 Stützunterschriften beizubringen. Es sei denn die Tauglichkeit des Wahlvorschlags wurde dadurch erbracht, dass die Landesliste bereits im Vorgängerparlament präsent war.

§ 19 Anmeldefrist

Die Vorschrift bleibt unverändert.

§ 20 Inhalt und Form der Anmeldung

Abs. 1, Abs 2 und Abs 4 bleiben unverändert.
Abs. 3 wurde in § 15 abschließend geregelt und fallen deshalb weg.

§ 21 bis § 26

Die Vorschriften bleiben unverändert.

§ 27 Wahlvorschläge für die Zweitstimmen

Abs. 1 wurde in § 18 abschließend geregelt und fällt deshalb weg.
Abs. 2, 3 und 4 bleiben unverändert. Abs. 5 wird neu gefasst:

(5) Die Aufstellung der Namensliste einer Partei oder Wählergruppe erfolgt in Landesversammlungen. Jeder Bewerber kann nur einmal vorgeschlagen werden. Für die Festlegung der Reihenfolge auf der Namensliste ist allein der jeweils erzielte Stimmenanteil maßgebend, der pro Kopf in einer Sammelabstimmung über alle Plätze erzielt wurde. Bei Stimmengleichheit entscheidet die Stichwahl.

Begründung zu § 27: Bei einer starren Landesliste ist die Nominierung in der Aufstellungsversammlung einer Partei zugleich eine Vorentscheidung über die Abstimmung durch das Wahlvolk. Die günstige Platzierung auf der Namensliste gibt den Ausschlag: Wer oben auf der Liste steht, hat gute, wer weit unten gelistet ist, hat schlechte Wahlchancen. Deshalb verlangt der Gesetzgeber, dass in der Landesversammlung vor allem die Reihenfolge der Bewerber auf der Namensliste nicht schon im Voraus festgelegt wird, sondern sich einzig und allein aus den Stimmenanteilen ergibt, die in einer geheimen Wahl erzielten worden sind. (Vgl. auch § 39, Abs. 4, Ziff. 3 BWO.) Leider ist das bloße Theorie.

In der Praxis wird in der Landesversammlung über die „sicheren" Listenplätze schrittweise, also Platz für Platz voranschreitend, in Einzelabstimmung entschieden. Im weiteren Verlauf folgt meist eine in Gruppen- oder Blockwahl. Die Platzierung auf der Liste, d.h. die alles entscheidende Reihung, steht dabei von vorne herein fest und ergibt sich eben gerade nicht aus den in geheimer Abstimmung erzielten Stimmenanteilen. Der Wille des Wahlgesetzgebers ist zwar erkennbar anders, kommt „de lege lata" aber nicht zum Tragen. Die ausdrückliche Anordnung der Sammelabstimmung in der Aufstellungsversammlung, und zwar über alle Listenbewerber hinweg, schafft hier die unerlässliche Normenklarheit und tritt so der missbräuchlich abweichenden Praxis wirkungsvoll entgegen.

§ 28 bis § 42
Die Vorschriften bleiben unverändert.

§ 43 Nachwahl
Abs. 1 wird neu gefasst; Abs. 2 bis 4 bleibt unverändert.

(1) Wird ein Wahlkreis vakant, erfolgt eine Nachwahl im Wahlkreis. Die Anordnungen des § 18 sind zu beachten. Die Nachwahl unterbleibt, wenn zum nächsten ordentlichen Wahltermin weniger als 6 Kalendermonate verbleiben. Ein vakanter Listenplatz wird durch den Nachrücker aus der jeweiligen Landesliste neu besetzt. Der Nachrücker wird vom Wahlleiter berufen. Ist die Liste erschöpft bleibt der Listenplatz unbesetzt.

Begründung zu § 43: Wer im Wahlkreis gewählt wurde, kann grundsätzlich nicht durch jemand ersetzt werden, der sich für die Landesliste beworben hat, bisher aber noch nicht zum Zuge gekommen ist. Die gängige Praxis der sog. „Listennachfolge-in-Direktmandate" vermengt Personen- bzw. Direktwahl und Parteien- bzw. „Verhältniswahl". Sie ist deshalb zu untersagen. Die neue Regelung verhindert, dass die Zahl der Direktmandate durch Nachrücker aus der Landesliste im Laufe der Legislaturperiode ausgedünnt wird und es in Gegenzug zu leer stehenden Wahlkreisen kommt, die weder einfachrechtlich noch grundrechtlich Bestand haben können.

§ 44 und § 45
Die Vorschriften bleiben unverändert.

§ 46 Verlust der Mitgliedschaft
Die Vorschrift bedarf einer Klarstellung: Ziff. 5 wird neu hinzugefügt:

(5) durch Niederlegung des Mandats als Folge eines Parteiwechsels.

Begründung zu § 46 Ziff. 5: Die Abgeordneten sind an ihr Mandat gebunden, das ihnen vom Wahlvolk anvertraut wurde. Niemand kann zwei Herren dienen. Wer die Partei wechseln will, kann das jederzeit tun, muss aber sein Mandat an die Wähler zurückgeben und scheidet deshalb aus dem Bundestag aus. Das führt im Falle eines Direktmandats zur Nachwahl im Wahlkreis. Bei einem Listenplatz folgt der Bestplatzierte unter den Listennachfolgern, der noch nicht zum Zuge gekommen ist (Listennachfolge).

§ 47 Die Vorschrift
Abs. 1 Ziff. 4 wird angepasst.

(4) im Fall der Nummern 4 und 5 von § 46 durch den Präsidenten des Deutschen Bundestages mit der Erteilung einer Entlassungsurkunde.

Begründung zu § 47 Abs. 1 Ziff. 5: Abgeordnete haben nicht das Recht, die durch Wahl entstandenen Mehrheitsverhältnisse zu verändern. Im 20. Deutschen Bundestag war das Bündnis-Sahra-Wagenknecht (BSW) mit 10 Abgeordneten als parlamentarische Gruppe vertreten, obwohl ihre Partei bei der Bundestagwahl vom 26.9.2021 gar nicht auf dem Stimmzettel stand und deshalb gar nicht gewählt worden sein kann. Ein noch nie dagewesener Vorgang in der Parlamentsgeschichte!

Niemand kann zwei Mandate gleichzeitig bekleiden: also den ursprünglichen Listenplatz bei der Partei DIE LINKE für sich behalten und gleichzeitig für das Bündnis ein „zweites" Mandat ausüben. Es ist daher dringend geboten, diesen horrenden Missstand zu beenden. Wer die Partei wechseln will, kann das tun, muss aber ein entgegenstehendes Mandat niederlegen, seinen Sitz im Parlament also räumen und aus dem Bundestag ausscheiden. Solange die Zustellung der Entlassungsurkunde fehlt, besteht das ursprüngliche Mandat fort

§ 48
Der Sachverhalt wurde in § 43 und § 46 abschließend geregelt.
§ 48 fällt deshalb weg.

§ 49 bis § 55
Die Vorschriften bleiben unverändert.

Zehnter Abschnitt
Das bisherige WahlprüfG wird als 10. Abschnitt
in das BWahlG eingegliedert.

Die Wahlprüfung durch das Volk ist als Grundrecht in Art. 41 GG fest verankert. Sie ist Sache des Bundestages. Das ist deshalb problematisch, weil die Volksvertreter dadurch zu Richtern in eigener Sache werden. Was das bedeutet kann man daran ermessen, dass die allermeisten Wahlprüfungsverfahren verschleppt, für unzulässig erklärt oder als unbegründet zurückgewiesen werden. Beispiele, die sich dafür anführen lassen, sind Legion und können als Bundestags-Drucksache überprüft werden.

Gegen die Entscheidung des Bundestages ist die Beschwerde an das Bundesverfassungsgericht zulässig. Selbst das könnte nur mit verfassungsändernder Mehrheit verändert werden. Das Grundrecht der Wahlprüfung verliert damit seine verfassungsrechtliche Kraft, wenn das Bundesverfassungsgericht Wahlprüfungs-Beschwerden nach § 24 BVerfGG „a limine" zurückweisen darf. Die Beschwerde an das Verfassungsgericht wird dadurch in ihrem grundrechtlichen Kern ausgehöhlt und entwertet, wenn das höchste Gericht nach geltendem Verfahrensrecht urteilen kann, aber nicht urteilen muss.

Das Wahlprüfungsgesetz muss in diesem Sinne novelliert und das Bundesverfassungsgerichtsgesetz entsprechend angepasst werden. Dabei ist sicherzustellen: das höchste Gericht darf nicht mit querulatorischen Wahlprüfungs-Beschwerden, die es ja auch gibt, gleichsam überrannt werden. Dies kann dadurch geschehen, dass in der Eingangsinstanz des Deutschen Bundestages die Hürde für die Wahlprüfung wieder heraufgesetzt wird und dazu wie früher wieder 100 Stützunterschriften beizubringen sind.

PRESSENOTITZ

„Die Europa-Wahl v. 9. Juni 2024 war nicht unmittelbar (direkt), nicht frei und vor allen auch nicht gleich." Unter dieser Schlagzeile hat eine Klägergemeinschaft von 20 Beteiligten, viele von Ihnen promovierte Akademiker aus verschiedenen Berufen, einen Tag vor Fristablauf beim Deutschen Bundestag eine Überprüfung der EU-Wahl in Gang gebracht. Die 20 Kläger rügen vor allem, dass Deutschland ein Bundesstaat ist und deshalb auch die EU-Abgeordneten länderweise zu wählen seien: nämlich im Saarland von den Saarländern, in Hessen von den Hessen, in Bayern von den Bayern, usw. In einer föderativen Ländergemeinschaft könne es keine gesamtdeutschen Bundesstimmen geben. „Wir werden damit bis vor das Verfassungsgericht in Karlsruhe gehen", kündigte der Gruppenbevollmächtigte, Manfred Hettlage, an.

München, den 8.9.2024

V.i.S.d.P.: M. Hettlage, Nibelungenstr. 22, 80639 München

KAP. IV: EU-WAHL ANGEFOCHTEN

Schriftsatz zur Wahlprüfung

Nicht unmittelbar (direkt), nicht frei
und vor allen nicht gleich

Betrifft: EUWP 68/24

An den Deutschen Bundestag, Platz der Republik 1, 11011 Berlin.

Es gilt das Datum der Zustellung, vom 8. August 2024

Hiermit rügen die beteiligten Antragsteller beim Deutschen Bundestag das ungesetzliche und grundrechtswidrige Zustandekommen der EU-Wahl v. 9. Juni 2024 in Deutschland.

1. Die Beteiligten

Antragsteller sind einzeln und als Gruppe die beteiligten Damen und Herren: 1.) Dr. Wolfgang Goldmann; 2.) Dr. Robert Mertel; 3.) Joachim Kampka;

4.) Dr. Manfred C. Hettlage (Gruppenbevollmächtigter lt. § 2 Abs. 3 WahlPrüfG);
5.) Dr. Ursula Offergeld-Hettlage; 6.) Gero von Braunmühl; und andere.

2. Die Regularien

a) Zulässigkeit und Zuständigkeit

Die Wahlprüfung nach Art. 41 GG wird in § 26 EU-WahlG näher geregelt. Danach findet auf die Europa-Wahl das Wahlprüfungsgesetz für die Wahl zum Deutschen Bundestag in der jeweils geltenden Fassung entsprechende Anwendung - ausgenommen § 6, Abs. 3, lit. e; § 14, Satz 2; und § 16, Abs. 2 und 3 WahlPrüfG. Die Beanstandung der Europa-Wahl v. 9. Juni 2024 ist demnach zulässig und an den für Wahlprüfungen erstinstanzlich zuständigen Deutschen Bundestag zu richten.

b) Einspruchsbefähigung

Alle Beteiligten sind natürliche Personen und haben ihren Wohnsitz in Deutschland. Als solche sind sie durch das Gesetz und die Verfassung geschützt und zur Anfechtung der Wahl befähigt.

c) Einspruchsgegenstand

Gegenstand des Verfahrens ist die Fehlerhaftigkeit der Europa-Wahl vom 9. Juni 2021. Es handelt sich also um eine Wahlstreitigkeit im Sinne des Art. 26 EU-WahlG. Die Wahlbeanstandung richtet sich im vorliegenden Fall vor allem gegen die Fehlerhaftigkeit des Stimmzettels wie die ungesetzliche und verfassungswidrige Durchführung der Wahl. Die Rüge ist mandatsrelevant.

d) Eigene Betroffenheit

Die Einspruchsführer waren im Wählerverzeichnis eingetragen und somit berechtigt, an der EU-Wahl v. 9. Juni 2024 teilzunehmen. Als Wahlberechtigte sind sie selbst, gegenwärtig und unmittelbar in ihren Rechten verletzt, die ihnen in Gesetz und Grundgesetz garantiert werden.

e) Form und Frist

Der nachstehende Antrag liegt in Schriftform vor und ist mit einer Begründung versehen. Die in § 2 Abs. 4 WahlPrüfG vorgeschriebene Frist von zwei Monaten beginnt mit dem Tag der Wahl am 9. Juni 2024. Diese Frist wurde eingehalten.

f) Gruppenvollmacht und Rechtsbeistand

Die Beteiligten klagen selbst und nach § 2 Abs. 2 WahlPrüfG zugleich gemeinsam auch als Gruppe. Soweit zulässig vertritt der Beteiligte zu 4) und Gruppenbevollmächtigte, Dr. Manfred C. Hettlage, diese gerichtlich und außergerichtlich. Er ist nach § 2 Abs. 3 BWahlG dazu befugt, von allen Beteiligten beauftragt und hiermit von ihnen ausdrücklich auch bevollmächtigt.

Gerichtsgebühren und Anwaltskosten fallen für die Beteiligten nicht an.

3. Der Antrag

Die vorgenannten Beteiligten des Verfahrens beantragen beim Deutschen Bundestag: Die Europa-Wahl v. 9. Juni 2024 ist für rechtsfehlerhaft zu erklären. Gerügt wird insbesondere die verfassungswidrige Festlegung der Geltungsbereiche für die amtlichen Stimmzettel und die Verletzung der föderativen Staatsordnung. Es ist nicht Sache der Kläger, die Rechtsfolgen zu bestimmen und eine Wahlwiederholung zu verlangen. Sie tun das deshalb nicht.

4. Die einfachrechtliche Begründung

Grundlage für die konkrete Auswahl der Abgeordneten des Europäischen Parlaments aus der Bundesrepublik Deutschland, die am 9. Juni 2024 abgehalten wurde, ist das Europa-Wahlgesetz, und zwar in der Fassung vom 8. März 1994 (BGBl I Stn. 432, 555 u. 852), zuletzt geändert durch Art. 1 des Gesetzes vom 11. Januar 2023 (BGBl I Nr. 11).

Aus diesem Gesetz geht hervor: Auf Deutschland entfallen 96 der insgesamt 720 Mitglieder des Europäischen Parlaments. Über sie wird in unmittelbarer, freier und gleicher Wahl abgestimmt. (Vgl. § 1 EU-WahlG.) „Die Wahl erfolgt (...) mit Listenwahlvorschlägen" (Verhältniswahl). (Vgl. § 2 Abs. 1 Satz 1 EU-WahlG.) „Jeder Wähler hat eine Stimme." (Vgl. § 2 Abs. 1 Satz 3 EU-WahlG.) Das ist teils streitig, teils nicht streitig. In § 3 Abs. 1 EU-WahlG wird für die Europa-Wahl angeordnet:

„Das Wahlgebiet ist das Gebiet der Bundesrepublik Deutschland."

Dem steht die Vorschrift in § 2 Abs. 1 EU-WahlG entgegen: „Listenwahlvorschläge können für ein Land (...) aufgestellt werden." Eine Wahl mit gesamtdeutschen Bundeslisten schließt die gleichzeitige Wahl mit regionalen Landeslisten aus.

Denn für das Wahlgebiet kann es nur ein und denselben Stimmzettel geben, der in allen Wahllokalen des gesamten Einzugsbereichs für die Abstimmung identisch ist. Es kann also nicht nebeneinander Bundes- und Landeslisten geben, über die mit unterschiedlichen Stimmzetteln zugleich bundes- und landesweit abgestimmt wird, also einerseits alle Wahlberechtigten, andererseits aber nur Bruchteile aller Wahlberechtigten in einzelnen Ländern erreicht werden.

Das gleiche Bild ergibt sich aus der näheren Betrachtung des aktiven (und des passiven) Wahlrechts: „Wahlberechtigt sind alle Deutschen (...)." (Vgl. § 6 Abs. 1 EU-WahlG.) Bei Landeslisten ist das nicht der Fall. Wahlberechtigte sind hier nicht alle Deutschen, sondern alle Bayern, alle Hessen, Saarländer usw. Und das ist ein mandatsrelevanter Unterschied, denn die Einzugsgebiete der Stimmen sind bei Bundeslisten und Landeslisten bzw. mit Bundesstimmzetteln oder Landesstimmzetteln grundverschieden. Das liegt auf der Hand. In Bayern galt bei der EU-Wahl v. 9. Juni 2024 ein Sonderstimmzettel, auf dem man die CDU nicht wählen konnte. Auf dem Stimmzettel für das verbleibende Einzugsgebiet (Deutschland ohne Bayern) konnte man umgekehrt die bayerische CSU nicht wählen. Es gab also für den Geltungsbereich der EU-Wahl nicht einen gemeinsamen, sondern zwei unterschiedliche Stimmzettel. Der CDU wurden die Wähler aus Bayern, der CSU die Wähler aus dem Rest der Bundesrepublik vorenthalten. Diese Manipulation der Wahl, wie sie am 9. Juni 2024 stattfand, ist ein grober Verstoß gegen den Grundsatz gleichen Wahl.

Dagegen kann man nicht leitfertig vorbringen, es handele sich nicht um eine Manipulation der Wahl, sondern um einen bedeutungslosen Schönheitsfehler, ein Kavaliersdelikt, eine „quantité négligeable", die man vernachlässigen dürfe, denn die EU-Wahl sei nun einmal keine Personenwahl, sondern eine pauschale Parteienwahl. Wenn dem so ist, wie es tatsächlich war, nämlich dass die Namen von Personen bei der bloßen Parteienwahl v. 9. Juni 2024 gar keine Rolle spielen, muss man sich umgekehrt fragen, warum überhaupt 10 Personen pro Partei auf den amtlichen Stimmzetteln standen, und die Wähler in dem irrigen Glauben gelassen wurden, sie hätten eine Person zum Volksvertreter ausgewählt.

Wohlgemerkt und mehrfach gesagt: Bei einer gesamtdeutschen EU-Wahl muss der Stimmzettel überall in Deutschland identisch sein. Innerhalb des Wahlgebiets kann es grundsätzlich keine verschiedenen Stimmzettel geben. Das war tatsächlich aber nicht der Fall: In Bayern gab es einen Sonderstimmzettel. CDU und CSU hatten jedoch die Möglichkeit, deutschlandweit als Parteien-Bündnis anzutreten. (Vgl. § 2 Abs. 1 EU-WahlG.) Es bestand also gar kein zwingender Grund für zwei verschiedene Stimmzettel, denn die Wähler hätten mit einer Stimme über das Bündnis aus beiden Schwesterparteien gleichzeitig abstimmen können. Wären bundesweit beide Parteien unter einem gemeinsamen Namen, z. B. als „Union" gewählt worden, könnte niemand feststellen, wer innerhalb Bayerns für die CDU und außerhalb Bayerns für die CSU gestimmt hat. Von diesem Ausweg wurde aber kein Gebrauch gemacht.

Konkret wird von den Beteiligten vor allem der bayerische Sonderstimmzettel gerügt, der bei der Wahl v. 9. Juni 2024 zur Anwendung kam. Er liegt diesem Wahleinspruch als Anlage bei. Daraus geht der folgende Sachverhalt hervor: Angelika Niebler (CSU) und Monika Hohlmeier (CSU) stehen laut Aufdruck auf dem bayerischen Stimmzettel nur auf der „Liste für den Freistaat Bayern", wurden also nur mit dem bayerischen Sonderstimmzettel erreicht. (Siehe Nr. 1 der Anlage.) Ebenfalls aus Bayern stammen aber auch Christine Singer (Freie Wähler) und Anton Steinbacher (Freie Wähler). Beide stehen jedoch, laut Aufdruck auf dem bayerischen Stimmzettel, auf der „Gemeinsamen Liste für alle Länder", waren also auch außerhalb Bayern wählbar. (Siehe Nr. 5 der Anlage.)

Umgekehrt kommen Katarina Barley (SPD) aus Rheinland-Pfalz und Agnes Strack-Zimmermann (FDP) aus NRW. Beide standen ebenfalls überall, also auch auf dem bayerischen Sonderstimmzettel. (Siehe Nr. 3 und Nr. 6 der Anlage.) Am schlechtesten kam also die CSU weg. Sie konnte nur in Bayern und von Bayern gewählt werden, während die CDU die Wähler außerhalb Bayerns erreichen konnte und die verbleibenden Parteien für die ungeschmälerte Gesamtzahl aller wahlberechtigten Deutschen wählbar waren, Bayern eingeschlossen.

Bei der EU-Wahl im gesamten Wahlgebiet der Bundesrepublik Deutschland konnten die Wähler am 9. Juni 2024 auf den Stimmzetteln über die CSU nur in Bayern, über die CDU nur außerhalb Bayerns und über alle anderen Parteien in ganz Deutschland abstimmen, Bayern eingeschlossen. - Viel ungleicher konnten die Chancen der Wahl nicht verteilt sein!

5. Die grundrechtliche Begründung:

In Art. 20 Abs. 1 Grundgesetz heißt es mit der gebotenen Normenklarheit und Verständlichkeit, vor allem aber mit zwingender Verbindlichkeit:

„(...) Deutschland ist (...) ein Bundesstaat"

Das gilt nicht nur für die Bundestagswahl, sondern ausdrücklich auch für die Europa-Wahl. (Vgl. dazu § 4 EU-WahlG.) Die Abgeordneten für die Volksvertretung werden länderweise gewählt (föderatives Wahlrecht). In einer föderativ gegliederten Staatsordnung kann es bei den Wahlen weder Bundesstimmen noch Bundeslisten geben. Die voneinander zu separierenden Einzugsgebiete für die (Zweit)-Stimmen sind die 16 verschiedenen Bundesländer. Die Auswahl der Volksvertreter erfolgt grundsätzlich über 16 getrennte Stimmzettel, mit denen über die 16 regionalen Landeslisten der Parteien „en bloc" abgestimmt wird. Denn die Verhältniswahl ist eine Blockwahl. Und die Blockwahl ist umstritten. Rupert Scholz und andere halten sie für „undemokratisch und verfassungswidrig". (Vgl. R. Scholz, „In guter Verfassung", 2004, S.131.)

Wie auch immer wird die Eigenständigkeit der 16 Bundesländer allen Staatsbürgern durch das Grundgesetz garantiert: Saarländer wählen ihre Volksvertreter im Saarland aus; Hessen tun das in Hessen; und Bayern stimmen über die Stellvertreter des Freistaates in Bayern ab, usw. Es konnte am 9. Juni 2024 also von vorne herein nicht mit Bundeslisten gewählt werden, es war vielmehr in 16 Wahlgebieten länderweise abzustimmen. So verlangt es Art. 20 Abs. 1 Grundgesetz. Alle entgegenstehenden Anordnungen des EU-WahlG, die bei der Wahl v. 9. Juni 2024 Anwendung fanden, verletzen die föderative Staatsordnung fundamental. Die daraus hervorgegangene Wahl v. 9. Juni 2024 war vor allem deshalb null und nichtig.

Außerdem ist die sog. „Verhältniswahl" keine unmittelbare Wahl: weder im (einfachrechtlichen) Sinne von § 1 Abs. 1 EU-WahlG noch im (verfassungsrechtlichen) Sinne von § 28 Abs. 1 und § 38 Abs. 1 Grundgesetz, in denen die allgemeinen Grundsätze des Wahlrechts gleichlautend konkretisiert werden. Die Wähler kennzeichnen auf dem Stimmzettel zur EU-Wahl keine Person. Sie kennzeichnen eine Partei. Die EU-Wahl war keine Personen-Auswahl, wie sie das Grundgesetz verlangt, sie war eine Parteien-Auswahl. In der berühmten „Vier-zu-vier-Entscheidung" des Verfassungsgerichts heißt es dazu:

„Eine bloße Parteienwahl schließt die Verfassung aus."

Originalton BVerfG v. 26.2.1998, BVerfGE 97, 317 (323). Und zuvor: BVerfG v. 10.4.1997, BVerfGE 95, 335 (349)

Deutschland hat im EU-Parlament ein Sitzkontingent von 96 aus insgesamt 720 Abgeordneten. Diese 96 EU-Mandate sind ebenfalls im Verhältnis ihrer Bevölkerungsanteile auf die 16 deutsche Bundesländer zu verteilen, so dass auf deutschem Boden insgesamt 96 verschiedene Stimmkreise entstehen, aufgeteilt auf 16 Bundesländer mit sehr verschieden Bevölkerungsanteilen. Bayern hätte dann (abgerundet) 14 EU-Wahlkreise, etwa doppelt so viele wie für die Zweit- bzw. Parteienstimmen in der Landtagswahl, die im Freistaat Bayern in 7 Regierungsbezirken abgehalten wird. Die Aufteilung auf 14 viel kleinere Wahlkreise ist schon unter viel ungünstigeren Bedingungen erprobt, vernünftig und machbar.

Weil das deutsche Wahlvolk bei der EU-Wahl v. 9. Juni 2024 über Bundeslisten von Parteien "en bloc" abstimmt, kann der Wähler nicht einmal aus den 10 „Listenführern" eine Auswahl treffen, die auf den Stimmzetteln namentlich aufgeführt sind. Und die über die Listenführer hinaus noch verbleibenden Namen auf den Listen der Parteien sind den Wählern ohnehin völlig unbekannt. Sie stehen zwar auf irgendeiner Liste, aber nicht auf dem Stimmzettel. Insoweit wird der Stimmzettel zur „black box". Auf die personelle Zusammensetzung und die alles entscheidende Reihenfolge auf den Listen der Parteien haben die Wähler ohnehin keinen Einfluss. Bei einer Blockwahl können die Wähler nicht die Personen frei bestimmen, die sie bei der Willensbildung im EU-Parlament vertreten sollen. Die Verhältniswahl ist also auch nicht frei.

6. Die Schlussbemerkung

Von allen deutschen Mitgliedern des EU-Parlaments hat kein einziges ein Direktmandat. Die grundrechtswidrige Entpersonalisierung der EU-Wahl v. 9. Juni 2024 führt unweigerlich zu einer starken Entfremdung zwischen Wählern und Gewählten. Deshalb macht sich eine allgemeine EU-Verdrossenheit breit, die ihre Wurzel in der Entmündigung des Wahlvolkes hat. So undemokratisch eine pauschale „Verhältniswahl" auch sein mag, ist die Blockwahl trotzdem allgemein anerkannt, wird hierzulande bevorzugt und in § 2 Abs. 1 EU-WahlG sogar ausdrücklich angeordnet. Im Gegenzug schwindet die Akzeptanz der EU, und es macht sich sogar eine zunehmende EU-Feindlichkeit breit. Europa wird als Fremdherrschaft empfunden.

7. Die Entscheidungsfrist

Die Wahlprüfung ist ein Grundrecht und Ausdruck der Volkssouveränität. Die Entscheidung über die Gültigkeit der Wahl kann vom Bundestag nicht beliebig verschleppt werden, wie das zuletzt bei der verspäteten Wahlwiederholung in Berlin v. 11.2. 2024 zu beklagen war. Deshalb setzen die Beteiligten dem Bundestag eine Frist von drei Kalendermonaten. Diese Frist endet somit am 31. Oktober 2024.

8. Die Anlage

„Stimmzettel für die Wahl der Abgeordneten des Europäischen Parlaments am vom 9. Juni 2024 im Freistaat Bayern". Muster aus dem Wahllokal Nr. 0911 München, Waisenhausstr. 4, im Original

9. Die Unterschriften

1.) Dr. Wolfgang Goldmann; 2.) Dr. Robert Mertel; 3.) Joachim Kampka; 4.) Dr. Manfred C. Hettlage, (Gruppenbevollmächtigter lt. § 2 Abs. 3 WahlPrüfG); 5.) Dr. Ursula Offergeld-Hettlage; 6.) Gero von Braunmühl; und andere.

Modellfall oder Problemfall?

Das bayerische Wahlgesetz (BayLWahlG)

Für die Mitglieder des Landtags im Freistaat Bayern gilt ein sehr eigenwilliges Wahlrecht. Einige der Besonderheiten haben sogar Verfassungsrang z. B.: die Doppelwahl in Stimmkreisen und Regierungsbezirken; die fingierte Zulässigkeit von Überhang- und Ausgleichsmandaten; vor allem aber die bayerische Sperrklausel ohne Grundmandats-Regel, die als Präzedenzfall für die Reform des BWahlG v. 13. Juni 2023 herangezogen wurde. Das alles ist dem Grundgesetz fremd. Es schreibt nicht vor, dass die Wähler zwei Stimmen haben. Es spricht keine Billigung für Überhang- und Ausgleichsmandate aus. Vor allem aber lässt das Grundgesetz die Sperrklausel unerwähnt. – Das alles hat in Bayern Verfassungsrang, im Bund aber nicht. Bricht also das Landesrecht das Bundesrecht oder ist es umgekehrt?

1. Die „verbesserte Verhältniswahl"

Der bayerische Landtag besteht aus 180 Abgeordneten (Soll-Zahl). So steht es in Art. 13 der Verfassung für den Freistaat Bayern. Diese werden „nach einem verbesserten Verhältniswahlrecht in Wahlkreisen und Stimmkreisen gewählt".[82] Auch gesetzgeberisches „Eigenlob stinkt". Soviel zu dem verfehlten Rechtsbegriff der „verbesserten Verhältniswahl". Außerdem weicht die eigensinnige Terminologie auch sonst von dem üblichen Sprachgebrauch ab: Die Landkreise und die kreisfreien Gemeinden entsprechen den „Stimmkreisen" – für die Erststimme.[83] Und: „Jeder Regierungsbezirk bildet einen Wahlkreis" - für die Zweitstimme.[84] Die Verfassung des Freistaates weicht also von dem klassischen Prinzip: Pro-Kopf-eine-Stimme ab und setzt eine Doppelwahl in 91 Stimmkreisen und die einfache in sieben „Wahlkreisen" - sprich „Regierungsbezirken" – an seine Stelle.

Das einfache Wahlgesetz des Landes führt näher aus: „Jeder Wähler hat zwei Stimmen (...)",[85] eine Erststimme für die Direktwahl in den 91 Stimmkreisen und

---

82 Art. 14 Abs. Satz 1 Bay Verf.
83 In Art. 14 Abs. 1, Satz 3 Bay Verf.
84 In Art. 14 Abs. 1, Satz 2 Bay Verf.
85 Vgl. Art. 36 Bay WahlG.

eine Zweitstimme für die indirekte Blockwahl von 89 Bewerbern aus den Namenslisten der Parteien in den 7 Regierungsbezirken. Die Abstimmung mit der Zweitstimme erfolgt nicht in starrer, sondern in „begrenzt offener", d. h. „beweglicher" Listenwahl.[86] Der Wähler kann also auch aus den Namenslisten der Parteien eine Person auswählen – was das Grundgesetz nicht nur für die Favoriten, sondern für alle Abgeordneten verlangt. Die offene Listenwahl ist keine „verbesserte Verhältniswahl". In Wahrheit ist sie nur eine verschlechterte, weil verwässerte Personenwahl.

Ob der einfache Gesetzgeber – ohne Änderung der bayerischen Verfassung – alle 180 Mitglieder des Landtags allein mit der Erststimme wählen und auf die Zweitstimme ganz verzichten kann, geht allein aus dem Wortlaut der bayerischen Verfassung nicht hervor: Vielleicht, vielleicht nicht. Wie auch immer, ordnet das mit der Verfassung des Freistaates Bayern konkurrierende Grundgesetz kein bestimmtes Wahlverfahren an. Es lässt also den gesetzgeberischen Wechsel zur Wahl allein mit den Erststimmen zu.

In Artikel 14 Abs. 1, Satz 6 der Bayerischen Verfassung heißt es: „Durch Überhang- und Ausgleichsmandate kann die nach Art. 13 Abs. 1 der Verfassung vorgegebene Zahl der Abgeordneten überschritten werden". Die Soll-Zahl von 180 Mitgliedern des Landtags wurde 1998 unverbindlich gemacht. Sie darf also überzogen werden, muss aber nicht! Denn Überhang und Ausgleich sind auch in Bayern kein zwingendes, sondern nachgiebiges Recht. Die Überschreitung der Sollzahl wird von der bayerischen Verfassung fingiert, aber keineswegs zwingend angeordnet. Das stellt der Bayerische Verfassungsgerichtshof ausdrücklich fest.[87] Handelt es sich bei der Aufstockung der Mandate durch „Überhang" und „Ausgleich" also um unverbindliches Verfassungsrecht? ... eine bloße Empfehlung, an die niemand gebunden ist? Unverbindliches Verfassungsrecht: klingt schon irgendwie seltsam, ist offenbar aber genau so gewollt.

---

86   Vgl. Bay VGH, Vf. 74-II-18, Rdnr. 58 mit Hinweis auf: BVerfGE 95, 335 (349) und BVerfGE97, 317 (323).
87   Vgl. Bay VGH, Vf. 74-III-18, Rdnr. 40.

2. Kein zwingendes Recht

Sind Überhang und Ausgleich keine zwingenden Verfassungsgebote, kann man dieses „Schlupfloch" benutzen und das Wahlergebnis auszählen, ohne sog. „Überhänge" oder sog. „Ausgleichssitze" auf das Wahlergebnis „draufzusatteln". Dann wären aus den Erststimmen 91 gewählte Stimmkreis-Sieger entstanden, und 89 direkt gewählte Favoriten mit den Zweitstimmen aus den Namenslisten der Parteien in den 7 Regierungsbezirken hervorgegangen. Das ergibt punktgenau 180 Mitglieder des Landtags. Wie im Deutschen Bundestag könnte man deshalb auch im Bayerischen Landtag – ohne Verfassungsänderung! – aus dem qualvollen Albtraum der „Überhänge" und der noch qualvolleren „Ausgleichssitze" problemlos aussteigen. Der Freistaat hat das nicht getan und war nicht davon abzubringen, das Wahlergebnis nachträglich um 23 Zusatzsitze aufzustocken, obwohl weder über den „Überhang" noch über den „Ausgleich" mit amtlichen Stimmzetteln konkret abgestimmt wurde, weil es dafür gar keine Wahlunterlagen gab.

Zur Erinnerung: Wie das leider schon 2018 der Fall war, konnten im 18. Landtag – ohne nennenswerten Widerspruch – sogar 205 Abgeordnete sitzen, obwohl im Maximilianeum regulär nur eine Soll-Zahl von 180 Plätzen zur Verfügung steht.[88] Der bayerische Wahlleiter hatte schon damals, über den Kopf der Wähler hinweg 10 sog „Überhänge" und sogar 15 sog. „Ausgleichssitze" zum Wahlergebnis hinzugefügt – obwohl darüber niemand auf amtlichen Wahlunterlagen konkret abstimmen konnte, weil die Wahllokale schließen bevor die Stimmen öffentlich ausgezählt werden. Für den Bund wird diese nachträgliche, durch Überhang und Ausgleich manipulierte Wahlentscheidung inzwischen nicht mehr akzeptiert: Der Deutsche Bundestag hat am 17.3.2023, in namentlicher Abstimmung, für das Bundeswahlrecht eine Reform ohne jeden Ausgleich verabschiedet. Die entsprechenden Rechtsnormen, die erst 2013 in das BWahlG neu aufgenommen

---

88 Der dagegen gerichtete Wahleinspruch v. 28.10.2018 samt Beschwerde gegen die Zurückweisung vor dem Bay VGH (Vf. 74-III-18) blieben beide erfolglos. Die dagegen gerichtete Verfassungsbeschwerde (2/BvR 2016/19) wurde vom BVerfG nicht zur Entscheidung angenommen. – Durch die Reform des BWahlG v. 17.3.203 (BGBl. I Nr. 147, 2023) ist die herrschende Meinung zu den Ausgleichsmandaten völlig überraschend in sich zusammengebrochen. Die Entscheidung des BVerfG 131, 316 / 2012 ist heute Makulatur.

worden sind, wurden 2023 wieder gestrichen.[89] Kein Geringerer als der Deutsche Bundestage lehnt heute die Überhang- und die Ausgleichsmandate ab – eine überfällige „Zeitenwende" bei der Bundestagswahl? Mit Folgewirkung für die Landtagswahl in Bayern? - Ja, so ist es!

Bei den sog. Ausgleichsmandaten fehlt ganz offensichtlich jede Legitimation durch eine unmittelbare, basisdemokratische und außerparlamentarische Urwahl durch das souveräne Wahlvolk.[90] Auch in Bayern gibt es keine Stimmzettel, auf denen die Wähler konkret kennzeichnen konnten, wer, in welchem Regierungsbezirk, von welcher Partei denn ein Ausgleichsmandat erhalten soll. Volksvertreter werden den Wählern grundsätzlich nicht oktroyiert. Abgeordnete werden vom Wahlvolk gewählt (Volkssouveränität). Spätestens hier stellt sich die Verfassungsfrage, und zwar auch auf der höheren Ebene des Grundgesetzes: „In den Ländern muss das Volk eine Vertretung haben, die aus unmittelbaren Wahlen hervorgegangen ist." [91] Genau das ist bei den sog. „Überhängen" und den sog. „Ausgleichssitzen" nicht der Fall, denn sie sind nicht aus Wahlen hervorgegangen. Deshalb kommt die Bundesgarantie zum Zuge: „Der Bund gewährleistet, dass die verfassungsmäßige Ordnung der Länder den Grundrechten entspricht" [92] (Homogenitätsprinzip).

Überhangmandate sind keine überzähligen Direktmandate jenseits der 91 bayerischen Stimmkreise, die auf die 91 gewöhnlichen Stimmkreis-Sieger oben „draufgesattelt" werden dürfen. Mehr als 91 Stimmkreise gibt es nicht. Und ohne Stimmkreis gibt es weder zulässige noch unzulässige Direktmandate, also auch keine fälschlich sog. „Überhangmandate". Bei der Landtagswahl v. 8. Oktober 2023 war die Summe aus 91 Direktmandaten zuzüglich der 11 „Überhänge" größer als die Zahl der verfügbaren 91 Stimmkreise. Das sprengt jede Logik. Niemand kann ein „imaginäres" Direktmandat erringen, für das es keinen Stimmkreis gibt. Die 11 „Überhangmandate" sind in Wahrheit grobe Zählfehler, Pseudo-Mandate, die vom Landeswahlleiter zu Unrecht zu den 91 ordentlichen

---

89 Vgl. § 6 BWahlG n.F. (BGBl I, Nr. 147). Ferner: BT-DruckS. 20/5370; und BT-DruckS. 20/6015. (Vgl. auch FN 10.)

90 Anderer Ansicht: Grzeszick, Zeitschrift für Gesetzgebung (ZG), 2014, S. 242: „Dieser Vorwurf entbehrt jeder Grundlage (...)." – Wer musste 2024 mehr „zurückrudern" als Grzeszick? (Vgl. auch FN 9.)

91 Vgl. Art. 28 Abs. 1 GG.

92 Art. 28 Abs. 3 GG.

Direktmandaten hinzuaddiert wurden.

Man kann in Bayern also schon deshalb auf Überhang und Ausgleich verzichten, weil die entgegenstehenden „Empfehlungen" der Landesverfassung kein zwingendes Recht sind. Ja, man muss es sogar tun, jedenfalls solange die konkrete Abstimmung darüber fehlt, wer, von welcher Partei, in welchem Regierungsbezirk Volksvertreter werden soll. „Das Volk tut seinen Willen durch Wahlen (...) kund." [93] Wer nicht gewählt wurde, kann kein Abgeordneter sein. Die unerlässliche Abstimmung über die 23 Mandatsträger, die einen Zusatzsitz bekleiden, fehlt und muss nachgeholt werden. Wird sie nicht nachgeholt, können die 23 nicht-gewählten Abgeordneten nicht im 19. Landtag verbleiben.

3. Atypische „Grabenwahl"

Nun gibt es in Bayern zwei getrennte Stimmen auf zwei getrennten Wahlzetteln - immerhin. Es gibt aber nicht zwei Stimmen für den selben Stimmkreis. Denn das ist eine weitere Besonderheit bei der bayerischen Landtagswahl: In ihren eigenen Stimmkreisen werden die Stimmkreisbewerber auf den Namenslisten ihrer Parteien (in den 7 Regierungsbezirke) nicht aufgeführt. [94] Niemand kann – in seinem eigenen Stimmkreis! – zweimal gewählt werden. Man darf also zweimal kandidieren, kann sogar zweimal gewählt werden, aber nicht im eigenen Stimmkreis. Dort, und nur dort entsteht lediglich ein Mandat – das Direktmandat. Was für eine filigrane Arabeske! Was für eine Haarspalterei!

Die Bayerische Landtagswahl ist also eine atypische „Grabenwahl". Zwar wird mit zwei separaten Stimmen, auf zwei getrennten Stimmzetteln, mit verschiedenen Geltungsbereichen, in 91 Stimmkreisen und in 7 Regierungsbezirken gewählt. Das trifft zu. In den 91 Stimmkreisen kommen die Erst- und die Zweitstimmen nebeneinander zum Zuge. In den 7 Regierungsbezirken spielt das keine Rolle. Hier wird nur mit einer Stimme gewählt. Die Wähler können deshalb in 91 Fällen beide Stimmen voneinander trennen, d.h. mit der einen die Regierungskoalition in ihrem Amt bestätigen, um sie mit der anderen aus dem Amt abzuwählen und für die Opposition zu stimmen. Unsinnig genug, tun viele Wähler genau das. Der wirkliche Wille der Wähler lässt sich dann nicht mehr erkennen.

---

93 Vgl. Art. 2 Abs. 2 Bay Verf.
94 Vgl. Art. 37 Bay WahlG.

Beide gegeneinander gerichteten Willenserklärungen führen aber nicht dazu, dass beiden Stimmen ungültig sind, weil man nicht feststellen kann, was der Splittingwähler tatsächlich gewollt hat.[95] – Ein schwerwiegender Konstruktions-fehler, den der Bayerische VGH anfangsweise erkannt, aber nicht gerügt oder gar verworfen hat.[96]

Der Grundsatz: „one man one vote" ist aus der Geschichte der Demokratie nicht wegzudenken. Aus gutem Grund wird in den USA, im Vereinigten Königreich wie in den meisten Ländern des Commonwealth,[97] in Frankreich, aber auch in der jüngsten Europa-Wahl v. 9. Juni 2024 [98] nicht mit zwei, sondern nur mit einer Stimme gewählt! „Überhänger" und Ausgleichssitze findet man dort nicht. Der frühere Verfassungsrichter Mahrenholz hat den deutschen Sonderweg, den du-ale Mischmasch aus zwei Stimmen „als Einführung der Bigamie im Wahlrecht" rigoros heruntergeputzt. Aber selbst ein Großer Jurist wie Ernst Gottfried Mah-renholz konnte sich mit dieser vernichtenden Absage an die typisch deutsche Doppelwahl auch als Berichterstatter für das Wahlrecht im Zweiten Senat nicht durchsetzen. [99]

4. Abstimmung mit offener Namensliste

Grundsätzlich gilt auch in Bayern das strenge Verfassungsgebot der Personen-wahl: „Wählbar ist jeder Staatsbürger, der das 21 Lebensjahr vollendet hat."[100] Das Wahlrecht des Landes führt weiter aus: „Der Wähler kennzeichnet auf dem Stimmzettel, welchem Wahlkreisbewerber er seine Stimme geben will." [101] Anders als bei den Erststimmen in den 91 Stimmkreisen gelten die Zweitstim-

---

95 Vgl. dazu Art. 40 Abs. 1 Ziff. 4 Bay WahlG: „Ungültig sind Stimmen, wenn der Stimmzettel (…) 3. den Willen der wählenden Person nicht zweifelsfrei erkennen lässt (…)."

96 Vgl. BayVGH, Vf. 74-III-18, Rdnr. 47: Das Stimmensplitting trage „wesentlich zur Entste-hung von Überhangmandaten bei". Vgl. auch Schreiber/Strelen, BWahlG 2017, § 4, Rdnr. 8, wo der Kommentar einräumt, das Stimmensplitting sei „eine Ursache für das Entstehen von Überhangmandaten."

97 Auch in Indien, der weltweit größten Demokratie überhaupt, wird nur mit einer Stimme gewählt.

98 Vgl. § 1 EU WahlG.

99 Vgl. Mahrenholz, FestSchr/Hassemer, 2010, S. 111: „Bigamie im Wahlrecht?" - allerdings mit dem höchstrichterlich gebotenen Alibi eines Fragezeichens verziert.

100 In Art. 14 Abs. 2 Bay Verf.

101 In Art. 38 Bay WahlG.

men einer Personen-Mehrzahl auf den Namenslisten der Parteien in den viel größeren Wahlgebieten der 7 Regierungsbezirke. Bei der Zweitstimme wird in „begrenzt offener", d.h. in „bewegter" Listenwahl der Name einer favorisierten Person herausgegriffen und gekennzeichnet.[102] In beiden Fällen wird also eine Person gewählt.[103]

Das ist aber nur die halbe Wahrheit. Gewiss, die Bestimmung eines Favoriten auf den Listen der Parteien ist eine Spezialität der Bayern: Die Zweitstimme wirkt daher anfangsweise wie eine zweite Erststimme. Doch das täuscht. Die Zweitstimme erstreckt sich auf die viel größeren Geltungsbereiche der 7 Regierungsbezirke. Mit der Kennzeichnung des Favoriten wird zugleich auch über alle anderen Namen auf der Liste „en bloc" mitabgestimmt. Die Listenwahl bleibt also in ihrem Kern eine pauschale Mehrpersonenwahl, d.h. eine Blockwahl. Und die Blockwahl ist hochumstritten. Rupert Scholz hält sie für „undemokratisch und verfassungswidrig".[104] Das allerdings mit einem Favoriten, der herausgegriffen werden kann, was natürlich auf die Reihenfolge in den Namenslisten durchschlägt. Gewiss, das ist eine Annäherung an die Personenwahl, aber keine durchgängige Personenwahl, wie sie auch die Verfassung des Freistaates Bayern verlangt, in der es heißt: „Die Abgeordneten werden unmittelbar gewählt." [105] - Papier ist geduldig!

Bei der ersten Bundestagswahl v. 14. August 1949 wurden die Abgeordneten noch mit einer Stimme ausgesucht. Seit 1953 gibt es zwei Stimmen, aber nur einen Stimmzettel. Niemand weiß warum und wieso.[106] Außerdem wird seit 1953 im Bund mit der Zweitstimme nicht nur der Name einer Person, sondern auch der Name einer Partei gekennzeichnet und anders als in Bayern mit starren Listen gewählt. Doch Parteien können weder im Bund noch in Bayern aktiv wählen oder passiv gewählt werden. Parteien können selbst keine Mitglieder der Parlamente sein. Von dieser Kritik bleibt Bayern nicht verschont. Bei der Personenauswahl für den Landtag haben die bayerischen Wähler zwar „das

---

102 Vgl. BayVGH Vf 74-III-18, Rdnr. 32.
103 Vgl. Art. 22 Bay WahlG.
104 Statt aller: Scholz, In guter Verfassung, 2004, S 131.
105 In Art. 14 Abs. 1 Satz 1 BayLVerf und Art. 38 Abs. 1 GG.
106 Getrennte Stimmzettel erleichtern die getrennte Auszählung der beiden Stimmen wesentlich.

letzte Wort",[107] aber nur bei 91 Abgeordneten, die mit der Erststimme gewählt werden. Mit der Zweitstimme wählen sie nur den Favoriten direkt, nicht aber die ganze Gruppe. Die „begrenzt offene" Listenwahl bleibt daher in ihrem Kern eine pauschale Verhältnis- oder Gruppenwahl, bei der die politischen Parteien das „entscheidende Wort" haben: Wer oben auf der Liste steht hat Glück und zieht auf einem „sicheren Listenplatz" in den Landtag ein; wer unten steht, hat Pech und zieht nicht ein. Und wer den „sicheren" Listenplatz bekommt, das entscheidet nicht das Volk, das entscheidet die Partei in der Versammlung zur Aufstellung ihrer Listen für die Wahl den Regierungsbezirken. – Genau das erklärt die unausrottbare Beliebtheit der Verhältniswahl: nämlich der absolut „sichere" Listenplatz für das Establishment der Parteien!

5. Proporz der Regierungsbezirke

Erschwerend kommt der Proporz der Regierungsbezirke hinzu. Das bayerische Wahlgebiet ist zweifach unterteilt: in 91 Stimmkreise und 7 Regierungsbezirke. Oberbayern stellt (mit München) 61 Abgeordnete, davon stammen 31 aus den Stimmkreisen. Mit großem Abstand kommen nur 16 Mitglieder des Landtags aus Oberfranken, davon 8 aus den Stimmkreisen. Aus Schwaben stammen 26 Volksvertreter, 13 davon aus den Stimmkreisen usw. Gewiss, die Vorgaben sowohl der Stimmkreise als auch der Wahlkreise (d. h. Regierungsbezirke) weichen z. T. stark voneinander ab, sind aber verbindlich und können nicht übergangen werden ohne den Regionalproporz in den Regierungsbezirken zu verletzen. Für irgendwelche „Überhänge" und „Ausgleichssitze" bleibt schon deshalb kein Raum.

Eine einzige, bayernweite Namensliste mit 180 Positionen pro Partei wäre von vorneherein völlig praxisuntauglich. Der Stimmzettel wäre ein Monstrum, viel zu groß für eine Wahlkabine. Deshalb wäre man gezwungen, „Stimmbücher" zu verwenden wie bei den Bürgerschaftswahlen in Hamburg und Bremen in Gebrauch sind. Die Wähler verlieren zwangsläufig die Verbindung zu den Bewerbern, die sie schon deshalb nicht gut genug kennen, weil sie nicht aus ihrer Heimat stammen. Das geschieht regelmäßig z. B. schon bei der Wahl der 80 Stadträte etwa in München, die im gesamten Stadtgebiet der Großkommune gewählt werden. Dabei kann jeder Wähler bis zu 80 Stimmen vergeben und darf sogar kumulie-

---

107 Vgl. Schreiber/Strelen, BWahlG 2017, § 1, Rdnr. 15; auch Schmidt-Bleibtreu u.a., Grundgesetz, 2008, Rdnr. 14.

ren und panaschieren. In Großkommunen wie München geht die Bindung an die Wähler schon deshalb verloren, weil es für das überdimensionierte Wahlgebiet keine sinnvollen Unterteilungen gibt.

Sitzkontingente nach Art. 21 Bay WahlG

Regierungs-bezirke	Direktmandate Landtag Soll	Direktmandate Landtag Ist	Listenplätze Landtag Soll	Listenplätze Landtag Ist
Oberbayern	61	65	30	34
Niederbayern	18	22	9	13
Oberpfalz	18	18	8	10
Oberfranken	16	18	8	10
Mittelfranken	24	27	12	15
Unterfranken	19	22	9	12
Schwaben	26	31	13	18
Summe	180	203	89	112

Quelle: § 21 Bay WahlG (Soll); u. Landeswahlleiter, Wahlen in Bayern, 2023, S. 111. (Ist)

Ein überschaubares Wahlgebiet gehört zu den unentbehrlichen Voraussetzungen einer praxistauglichen Wahl. Die bayerische Landeshauptstadt hat mehr Einwohner als das Saarland und schon das Saarland wird bei der Bundestagswahl in vier Wahlkreise unterteilt. Bei der Bundestagswahl hat München 4 und bei der Landtagswahl 9 Stimmkreise. Deshalb ist es richtig und gut, bei der Landtagswahl die Namenslisten der Parteien wenigstens auf die 7 Regierungsbezirke aufzuteilen. Die Übersicht über die Listen bleibt dann mehr schlecht als recht gesichert, weil z.B. in Schwaben maximal 13 Personen zu Auswahl stehen (sog. kl. Listenwahl).[108] Eine Ausnahme bildet allerdings Oberbayern (mit München), wo – jetzt schon mehr als grenzwertig – pro Partei max. 61 Namen auf der Liste stehen können, von denen die meisten dem Wahlvolk im Regierungsbezirk völlig unbekannt sind, die Wähler also „die Katzen im Sack" kaufen, weil die Wahl-

---

108 In Italien werden seit der Reform v. 12.10.2017 die Abgeordnete der „Camera dei Deputati", nach sog. „Rosatellums", d.h. mit kleinen Listen mit bis zu 12 Positionen in 100 separaten Bezirken gewählt.

gebiete viel zu groß sind, um gar nicht davon zu reden, dass Oberbayern vom Durchschnitt der Mandate pro Regierungsbezirk meilenweit entfernt ist.

6. Sperrklausel mit Verfassungsrang?

Kopfschmerzen bereitet die bayerische Sperrklausel. Sie ist in Art. 14 Abs. 4 BayLVerf niedergelegt und hat, anders als im Bundestag, im Landtag Verfassungsrang. Dort heißt es sibyllinisch nebelhaft: Sämtliche „Wahlvorschläge, auf die im Land nicht mindestens fünf vom Hundert der insgesamt abgegebenen gültigen Stimmen entfallen, erhalten keinen Sitz im Landtag zugeteilt." Diese Vorschrift hat für die jüngste, die 26. Reform des BWahlG (BGBL I Nr. 147) Modell gestanden.[109] Im Klartext gesprochen, ist im Bundeswahlgesetz nach bayerischem Vorbild die Grundmandats-Regel gestrichen worden. Genau das hat aber das Bundesverfassungsgericht mit seiner Entscheidung v 30. Juli 2024 (Az. 2 BvF 1/23 u. a.) verworfen. - Was das für die bayerische Sperrklausel heißt, hat sich noch nicht herumgesprochen.[110]

Zwar ist die bayerische Sperrklausel eine Verfassungsnorm, aber auch diese hat ihre Tücken und Macken. Sie ist überladen mit unbestimmten, d.h. normenunklaren Rechtsbegriffen. Man erfährt nicht, ob es sich um „Wahlvorschläge" für die Erst- oder die Zweitstimme handelt. Man erfährt auch nicht, ob es bei den „abgegebenen gültigen Stimmen" um die Stimmkreise oder um die Regierungsbezirke geht - oder sogar um beides. Denn in Bayern werden die Erst- und die Zweitstimmen zusammengezählt.[111] Erfolglose Erststimmen gehen dabei nicht unter. Stimmkreisverlierer-Verlierer dürfen vielmehr ihre erfolglos auf sie entfallenden Erststimmen in die Listenwahl mit der Zweitstimme system- und sachwidrig – „hinüberretten" und damit zugleich das Gewicht der ganzen Liste verzerren (Gesamtstimmen). Nicht nur die gewöhnlich anzutreffenden Wähler durchschauen dieses kopflastige Normengewirr nicht, bei dem offenbar Verliererstimmen aus der Direktwahl zum Ergebnis bei der Listenwahl beitragen. –

---

109 Vgl. Art. 1 Abs. 3 Bay WahlG n.F. und Art. 6 Abs. 1 Bay WahlG n.F. Ferner auch die Verfassungsbeschwerde nach Art. 93 Abs. 1 Ziff 4a BVerfG (Az. 2 BvR 842/23), die aber nicht zur Entscheidung angenommen wurde. Link: https://www.manfredhettlage.de/an-das-bundesverfassungsgericht

110 Vgl. aber die Petition im Bay. Landtag v. 27.08.2024 (Vf. O238.19) zur Änderung der sog. „Sperrklausel" in Art. 42 Abs. 4 BayWahlG.

111 Vgl. Art. 45 Bay WahlG.

Und es gibt niemand, der den groben Unfug mit seinem Namen benennt.

Unklar bleibt im Wortlaut von Art. 42 Abs. 4 BayLWahlG also, ob sich die Hürde von fünf Prozent „im Land" auf ganz Bayern oder aber auf die 7 verschiedenen Bezirke bezieht, in denen die Listenwahl stattfindet. Man erfährt nicht, ob unter einem „Sitz" im Landtag ein Direktmandat oder ein Listenplatz zu verstehen ist. Wegen seiner gehäuften Unbestimmtheit kann man mit dem normenunklaren Verfassungstext der bayerischen Sperrklausel so gut wie nichts anfangen. Die Ausführungen des einfachen Wahlgesetzgebers bieten keine Abhilfe. Denn in § 42 Abs. 2 BayLWahlG wird der Wortlaut des Art. 14 Abs. 4 der BayLVerf, mit all seinen Unbestimmtheiten – sogar unter Hinweis auf die Verfassung – wortgleich wiederholt.

Diese unpassende Wort-Wiederholung steht im Landeswahlgesetz aber unter der Überschrift: „Art. 42: Feststellung des Wahlergebnisses für den Wahlkreis" (d. h. für den Regierungsbezirk). Diese Überschrift grenzt den Regelungswillen des einfachen Wahlgesetzgebers ausdrücklich „für den Wahlkreis" (also auf den Regierungsbezirk) ein und führt schon „de lege lata" zu der Auslegung: Vorschläge für die Listenwahl in den Regierungsbezirken, auf die dort nicht mindestens fünf vom Hundert der abgegebenen gültigen Zweitstimmen entfallen, werden von der Verteilung der Listenplätze ausgeschlossen. Wegen seiner Überschrift kann man aus der Gesetzesnorm nicht herauslesen, dass die von der Sperrklausel erfassten Parteien überhaupt keinen „Sitz" erhalten, auch kein Direktmandat. Unter der Lupe betrachtet ist Bayern in Wahrheit gar kein Präzedenzfall für die Streichung der Grundmandats-Regel im Deutschen Bundestag. Den Ausschlag gibt allerdings das Verfassungsgericht: „Modell" hin, Rechtsauslegung her, hat es die Streichung der Grundmandats-Regel jedenfalls für den Bundestag verworfen.[112]

Erschwerend kommt hinzu: Eine Sperrklausel in Höhe von 5 Prozent aller bayernweit gültig abgegebenen Zweitstimmen gegenüber einer 5 Prozent Hürde in einem der sieben sehr viel kleineren Regierungsbezirke ist eine turmhoch übersteigerte und rechnerisch grundfalsche Bemessungsgrundlage (Prozentbasis).[113] Die Berechnungs- oder Prozentbasis für die Sperrklausel kann nicht vom Geltungsbereich der

---

112 Vgl. 2BVF 1/23 u.a.
113 Vgl. dazu auch NJOZ 2023, S. 640 ff: „Die Bundessperrklausel nicht verfassungskonform?"

Zweitstimmen abweichen.[114] Wie die Zweitstimme bezieht sich auch die Fünf-Prozent-Hürde auf einen der sieben Regierungsbezirke. – Doch davon ist die Praxis in Bayern wie im Bund weit entfernt.

Mehr Normenklarheit würde „de lege" ferenda durch die nachfolgende Formulierung entstehen: „Namenslisten von Parteien, die weniger als 5 Prozent der in ihrem Regierungsbezirk gültig abgegebenen Zweitstimmen erhalten haben, werden dort aus der Verteilung der verfügbaren Listenplätze ausgeschlossen." Dem wäre noch ein Nachsatz hinzuzufügen: „Diese Plätze bleiben unbesetzt." Dieser Zusatz vermeidet alle widersinnigen Unstimmigkeiten, dass im Parlament Abgeordnete sitzen, die ihr Mandat auch Wählern verdanken, die eine ganz andere Partei gewählt haben. – Denn die Sperrklausel ist eine „Zerrklausel".[115] Nur zur Erinnerung: Die klassische Personenwahl nach dem „Westminster-Modell" kommt ohne Sperrklausel aus. Dieses britische Verfahren führt außerdem viel seltener zu Koalitionen als das „mixtum compositum", den typisch deutschen Mischmasch aus zwei Stimmen. Das hier aber nur nebenbei.

Gewählt ist gewählt: Das sind die Spielregeln der Demokratie. „Das Volk tut seinen Willen in Wahlen kund. Mehrheit entscheidet."[116] Dies geht aus dem allgemeinen Demokratiegebot hervor und hat Ewigkeitscharakter. Diese Garantie der Volksherrschaft stand schon in der Verfassung des Freistaates Bayern von 1946, lange vor dem viel späteren, stark vom damaligen Zeitgeist geprägten Verfassungszusatz im strittigen Verfassungsreform-Gesetz vom 20.2.1998, das in Teilen überdacht werden muss.[117]

7. Das Fazit und ein „ceterum censeo"

Weil es in den Wahlurnen dafür keine Belege gibt, fehlt für nachgeschobene „Überhänge" und „Ausgleichsmandate" in Bayern wie im Bund jede demokratische Legitimation. Ausschlaggebend ist am Ende die von der herrschenden Mei-

---

114 Bei der ersten Bundestagswahl von 1949 kam in den 10 Bundesländern, die es damals gab, 10 verschiedene Landessperrklauseln zur Anwendung. Erst 1953 wurde das geändert und eine Bundessperrklausel eingeführt.
115 Zur Bundes-Sperrklausel vgl. auch den Schriftsatz von Kingreen zum Verfahren (2 BvF 1/23 u. a.) Link: https://www.mehr-demokratie.de/fileadmin/pdf/2023/2023-10-20_Verfassungsbeschwerde-Sperrklausel-Schriftsatz-Kingreen-anonymisiert.pdf
116 In Art. 2 In Abs. 1 Bay Verf.
117 Gesetz- u. Verordnungsblatt (GVBl), S. 39.

nung Jahrzehnte lang verkannte Rechtsnatur der sog. „Überhangmandate". Im bayerischen Landtag gibt es 180 Mitglieder, aber nur 91 Stimmkreise. Daraus können nur 91 Stimmkreis-Sieger hervorgehen.

„Überhangmandate" heißen zwar so, sind aber keine Mandate. Denn für sie gibt es gar keine Wahlkreise. Sie dürfen daher von den „Wahlhütern" nicht zu den 91 verfügbaren Stimmkreis-Siegern hinzugezählt werden. Tun sie es trotzdem, verstoßen sie gegen das Demokratiegebot[118] und auch gegen das Gebot der unmittelbaren Personenwahl.[119] - Und genau deshalb wurde die Landtagswahl v. 8.10.2023 zum Problemfall!

„Ceterum censeo": Die Direktwahl ist das Rückgrat der Demokratie. Die Personenwahl ist ein Verfassungsgebot. Die ausgezählten Stimmzettel entscheiden! [120] Nur die Stimmzettel! Und nichts als die Stimmzettel.

---

118 In Art. 2 Abs. 2 Bay Verf.
119 in Art.14 Abs. 1 Satz 1 Bay WahlG.
120 Mehr dazu in NJOZ 2023, 56: „Der Stimmzettel entscheidet."

PETITION

An den Bayerischen Landtag, Maximilianeum, Max-Planck-Str. 1, 81675 München, 27. August 2024, Es gilt das Datum der Zustellung.

Eingabe nach Art. 115 BayLVerf

Die bayerische Sperrklausel muss abgemildert werden
Betrifft: Vf. 0238-19

Beschwerdeführer der Petition sind die Damen und Herren: 1.) Dr. Wolfgang Goldmann, Zuccalistr 25, 80639 München; 2.) Dr. Robert Mertel, Kindermannstr. 1, 80637 München; 3.) Joachim Kampka, Nürnberger Str. 24, 80637 München; 4.) Dr. Manfred C. Hettlage, Nibelungenstr. 22, 80639 München (Gruppenbevollmächtigter); 5.) Dr. Ursula Offergeld-Hettlage, Nibelungenstr. 22, 80639 München; 6.) Gero von Braunmühl, und andere.

Der Antrag

Die vorgenannten Beschwerdeführer beantragen: Der Bayerische Landtag möge der sog. „Sperrklausel" in Art. 42 Abs. 4 BayLWahlG einen neuen Wortlaut geben, wie folgt:

(1) Wahlvorschläge für die Regierungsbezirke, auf die nicht mindestens fünf vom Hundert der im Bezirk gültig abgegebenen Zweitstimmen entfallen, erhalten keinen Listenplatz.

(2) Die Sitze der von der Verteilung ausgeschlossenen Parteien bleiben unbesetzt.

(3) Parteien, die im Freistaat mehr als ein Direktmandat erlangt haben, bleiben von der Sperrklausel verschont. (Grundmandats-Regel)

Die Begründung

Zur Begründung der Petition wird auf zwei Anhänge verwiesen:

1.) Pressenotiz v. 27.8.2023 und
2.) die Ausarbeitung: „Modellfall oder Problemfall".

Beide Dokumente sind als wesentlicher Bestandteil der Petition zu verstehen.

Verfassungsbeschwerde

gegen den Beschluss des Landtags 09.04.2024

Az.: Vf. 24-III-24

Hiermit rügen die beteiligten Beschwerdeführer beim Bayerischen Verfassungsgerichtshof (BayVGH) den Beschluss des Landtags v. 09. April 2024, DruckS. 19/1552, mit dem er ihre beiden Wahlbeanstandungen v. 23. Oktober 2023 und vom 3. November 2023 zurückgewiesen hat. Es tun dies die Damen und Herren: 1.) Dr. Wolfgang Goldmann; 2.) Dr. Robert Mertel; 3.) Joachim Kampka; 4.) Dr. Manfred C. Hettlage (Gruppenbevollmächtigter); 5.) Dr. Ursula Offergeld-Hettlage; 6.) Gero von Braunmühl; und andere.

Die Regularien

Zuständigkeit und Zulässigkeit

Die vorausgegangene Wahlbeanstandung wird allen Wahlberechtigten nach Art. 33 Bay LV garantiert. Sie war an den Bayerischen Landtag gerichtet, der sie durch Beschluss v. 09.04.2024 (LT-DruckS 19/1552) ablehnend erledigt hat. Die Voraussetzung für die Entscheidung durch den Bayerischen Verfassungsgerichtshof ist damit erfüllt. Die Beschwerde gegen den Beschluss v. 9. April ist zulässig. Das geht aus Art. 33 und Art. 63 Bay LV hervor.

Einspruchsbefähigung

Alle Beteiligten sind natürliche Personen und haben ihre Wohnsitze in Bayern. Als solche sind sie durch die bayerische Verfassung geschützt und zur Anfechtung der Wahl befähigt.

Einspruchsgegenstand

Gegenstand des Verfahrens ist die Landtagswahl vom 8. Oktober 2023. Die zurückgewiesene Beanstandung der Landtagswahl richtete sich gegen die Fehlbesetzungen des Landtags. Sie ist mandatsrelevant. Es handelt sich also um eine Wahlstreitigkeit im Sinne im Sinne des Art. 33 Bay LV.

Eigene Betroffenheit

Die Einspruchs- und Beschwerdeführer waren im Wählerverzeichnis eingetragen und damit berechtigt, an der Landtagswahl v. 8. Oktober 2023 teilzunehmen. Als Wahlberechtigte sind sie selbst, gegenwärtig und unmittelbar in ihren Rechten verletzt, die ihnen in Gesetz und Verfassung garantiert werden.

Form und Frist

Die Beschwerde liegt dem Gericht in Schriftform vor, der Antrag ist mit der erforderlichen Begründung versehen. Die gesetzlich vorgeschriebene Frist von einem Monat beginnt nicht vor dem 9. April 2024. Diese Frist wurde eingehalten.

Vertretung und Rechtsbeistand

Der beteiligte Beschwerdeführer zu 4) vertritt, soweit das gesetzlich zulässig ist, die übrigen Beteiligten. Er ist befugt und von allen Beteiligten beauftragt, einen gesetzlich zugelassenen Rechtsbeistand zu bevollmächtigen, wenn das notwendig wird. Von Gerichtsgebühren und Anwaltskosten sind die sonstigen Beteiligten befreit.

Der Antrag

Die Beteiligten der Beschwerde beantragen beim Bayerischen Verfassungsgerichtshof, den Beschluss des Landtags vom 09.04.2024, (LT-DruckS 19/1552), zu den beiden Verfahren mit den Az: P II–1003–1–18 sowie Az: P I–1003–1–24 aufzuheben und den beiden vom Landtag zurückgewiesenen Anträgen stattzugeben.

Die Begründung

I. Gründe zur Beschwerde im Verfahren
Az. P II–1003–1–24

Der Beschwerdeführer zu 4.) hatte zusammen mit den eingangs genannten Beteiligten beim Landtag nach Art. 33 BayLVerf die Wahl v. 08.Oktober 2023 beanstandet. Die Wahlbeanstandung wurde am 23. Oktober dem Landtag frist- und formgerecht zugestellt. Der Landtag hat mit Beschluss v. 09.04.2024 (LT-DruckS 19/1552) und Begleitschreiben v. 10. April 2024 die Wahlbeanstandung zurückgewiesen und die Gültigkeit der Landtagswahl für die 19. Legislaturperiode festgestellt. Der Beschluss mit weiteren Anlagen siehe Anhang. Der zurückgewiesene Antrag der Wahlbeanstandung v. 23. Oktober 2023 (AktenZ: P II – 1003 – 1 – 24) hatte den nachstehenden Wortlaut.

Antrag im Wortlaut
(Zitat-Anfang) „Die Antragsteller bestreiten vor dem Landtag die Gültigkeit von Teilen der Wahl v. 8.10.2023. Sie verlangen, diese Teile unter einem verfassungskonformen Wahlgesetz nachzuholen und beantragen im Einzelnen:

1. für künftige Wahlen die Zahl der 91 Stimmkreise auf die Soll-Zahl der 180 Mitglieder des Landtags anzuheben;
2. die Überschreitung der 11 Überhangs- durch 12 Ausgleichsmandate zu unterbinden;
3. den Regionalproporz zwischen den 7 Regierungsbezirken zu gewährleisten;
4. für 12 Ausgleichsmandate die fehlende Urwahl durch das Volk in der laufenden Wahlperiode nachzuholen;
5. die Bemessungsgrundlage der Sperrklausel auf die 7 Regierungsbezirke zu beziehen;
6. die getrennten Erst- und Zweitstimmen nicht zusammenzuzählen." (Zitat-Ende)

Zur Stellungnahme des bayerischen Innenministers zur Wahlbeanstandung
Der Landtag hält die Wahlbeanstandung (Az.: P II – 1003 – 1 – 24, samt Stellungnahme des Bayerischen Staatsministers des Innern, Seite 66 ff, unter Ziff. 24) lt. gesondertem Begleitschreiben v. 10. April 2024 für „unzulässig und unbegründet", hat die Beanstandung aber zugelassen. Alle Zweifel an der Zuständigkeit und der Zulässigkeit haben sich damit von selbst erledigt. Allgemeine Rechtsauffassung.

Der Inhalt der Beanstandung wird in der Stellungnahme des Bayerischen Staatsministers des Innern unter Ziff. 24.1, Lit. a) bis d) auf Seite 66 ff – von einigen kleinen Ungenauigkeiten bei der Wortwahl abgesehen - zutreffend wiedergegeben. Dies wird vom Beteiligen zu 4.) dankbar anerkannt und bestätigt.

Bei der rechtlichen Würdigung durch den Innenminister unter den Ziffern 24.2, Lit. a) bis d) auf den Seiten 67 bis 69 geht die Auffassung beider Seiten dagegen weit auseinander. Für den Minister sind die leidigen „Überhänge" ein in Art. 14 Abs. 1 Satz 6 BayLWahlG garantiertes Rechtsgut. Im schroffen Gegensatz dazu sehen die Antragsteller zusammen mit dem Beteiligten zu 4.) in den vermeintlichen „Überhangmandaten" in der Sache einen Missbrauchstatbestand, der sofort von der Bildfläche verschwinden würde, wenn die Wähler für ein Mandat nicht zweimal, sondern nur einmal abstimmen würden. (Vgl. NJOZ v. 15.10.2020, S. 1249 ff: „Für ein Mandat zweimal zur Wahlurne gehen?")

Zu lit a) der Stellungnahme des Innenministers (S. 67)

Der Minister behauptet, das hybride Wahlverfahren mit zwei Stimmen (beschränkt für 91 Abgeordnete, also auf die halbe Soll-Zahl der 180 Mitglieder des Landtags plus ein Mandat) habe sich „bewährt" (S. 67). In einem Wahlverfahren mit nur einer Stimme gäbe es keine sog. „Überhänge". Das ignoriert der Minister. Die Beteiligten haben auch keinen „rechtspolitischen Vorschlag" gemacht wie der Minister unzutreffend behauptet (S. 67). Sie rügen vielmehr den handfesten Missstand, dass bei jeder Landtagswahl regelmäßig versucht wird, „mehr Stücke als Kuchen" zu verteilen. (Vgl. ZRP 2012, S. 87 ff: „Mehr Stücke als Kuchen: die Überhangmandate".)

Im 19. Bayerischen Landtag gibt es 180 Plätze (Soll-Zahl), in Bayern gibt es aber nur 91 Stimmkreise, im Gegenzug haben aber 203 Mitglieder im Landtag Sitz und Stimme. Es gibt also gleichzeitig zu wenig Wahlkreise, aber viel zu viele Abgeordnete. Die Wurzel allen Übels ist das hybride Wahlsystem mit zwei Stimmen, für 91 Mitglieder des Landtags, die fakultativ zweimal gewählt werden können, während 89 Abgeordnete nur mit einer Stimme gewählt werden müssen - eine völlig überfrachtete und außerdem auch asymmetrische Verfahrensweise. Erschwerend kommt hinzu, dass beide Stimmen – in 91 Wahlkreisen - gegeneinander gerichtet werden können und wegen der Entzweiung (oft als „Stimmensplitting" bezeichnet) zwischen den beiden Stimmen 11 sog. „Überhänge" entstanden sind, die dann bei den Zweitstimmen mit einer Überzahl an 12 sog. „Ausgleichsmandaten" kompensiert wurden. Die sog. „Überhänge" sind also keine wirklichen Mandate, sondern Unterschiedszahlen. Das verkennt der Minister.

Nun gilt bei Landtagswahlen in Bayern eine Besonderheit, die für viel Verwirrung sorgt: die sog. „begrenzt offene, bzw. bewegliche" Listenwahl (vgl. Bay VGH, Vf. 74.-III-19 v. 28. Oktober 2018). Bei der beanstandeten Landtagswahl v. 08.10.2023 sind nur 91 Abgeordnete in 91 Stimmkreisen einzeln gewählt worden. Für den verbleibenden Rest von 89 Mandatsträgern kam eine Mehrpersonenwahl in 7 Regierungsbezirken zum Zuge, die auch als „Blockwahl" bezeichnet wird, weil die Abgeordneten auch mit der bayerischen Zweitstimme grundsätzlich „en bloc gewählt werden, ausgenommen ein Favorit unter ihnen, der aus der Namensliste gesondert herausgegriffen werden kann. Beide Wege in den Landtag sind deshalb grundverschieden. - Und das schließt das Prinzip der gleichen Wahl aus.

Weil es für die unmittelbare Personenwahl in Stimmkreisen aller Mitglieder des Landtags gar nicht genug Wahlkreise gibt, fehlte bei 89 Abgeordneten, die über die Namenslisten der Parteien in den Landtag gelangen, die demokratische Legitimation der Doppelwahl, die Favoriten ausgenommen, die auf den Namenslisten der Parteien herausgegriffen werden können. Wie auch immer fehlte – auf jeden Fall - bei den 23 nachgeschobenen Zusatzsitzen die Doppelabstimmung nicht nur zur Hälfte, sondern ganz. Denn die 23 Zusatzsitze wurden den Wählern (ohne Abstimmung bei den Erststimmen und ohne Abstimmung mit den Zweitstimmen) nach der Wahl oktroyiert. Das verstößt schon „de lege lata" gegen das in Art. 2 Abs. 2 Bay Verf garantierte Grundprinzip der Demokratie: die Volkssouveränität.

Der Minister verschweigt außerdem, dass der Freistaat Bayern im Bund bekämpft, was er in Bayern verteidigt. Der Freistaat Bayern hat gegen Teile des dualen Wahlsystems mit zwei Stimmen durch eine Verfassungsbeschwerde Front gemacht, die gegen das neue BWahlG v. 13. Juni 2023 (BGBl I, Nr. 147) gerichtet ist. In 20 Legislaturperioden des Bundes gab es 26 Wahlrechts-Änderungsgesetze oder -Änderungsversuche. Viele, seit 2009 sogar alle, sind vor dem BVerfG angefochten worden. Trotzdem brachten die höchstrichterlichen Entscheidungen keinen Rechtsfrieden.

Was die Entzweiung der beiden Stimmen betrifft, ist die bisher herrschende Meinung zusammengebrochen, das sog. „Stimmensplitting" sei ein hochstehendes Rechtsgut. Für den Bund gelten seit dem BWahlG v. 13. Juni 2023 (BGBl I, Nr. 147) sowohl die sog. „Überhänge" als auch die sog „Ausgleichsmandate" inzwischen nicht mehr als Rechtsgüter, sondern schon „de lege lata" als unzulässige Missstände. Und das kann nach dem Homogenitätsgrundsatz des Art. 28 GG nicht folgenlos bleiben. Die abweichende Rechtsprechung aus früheren Zeiten muss deshalb mit Blick auf Art. 28 GG neu überdacht werden. Das tut der Minister aber nicht, und stützt sich in seiner Argumentation auf eine veraltete Urteilsliteratur. Im Land kann nicht zulässig sein, was im Bund unzulässig ist.

Zu lit. b) der Stellungnahme des Innenministers (S. 68)

Die 11 sog. „Überhänge" und die 12 „Ausgleichssitze", die bei der Landtagswahl v. 08. Oktober 2024 unstreitig angefallen sind, wurden auch nicht „verfassungs- und gesetzeskonform zugeteilt", wie der Minister behauptet (S. 68 unten). Abgeordnete werden überhaupt nicht zugeteilt. Abgeordnete werden gewählt. Das ergibt sich aus Art. 2 Abs. 2 BayVerf und wird in Art. 14, Abs. 1, Satz 1 BayLVerf ausdrücklich bekräftigt. In Art. 14, Abs. 1, Satz 6 BayLVerf kann man deshalb eben gerade nicht hineinlesen, die 11 sog. „Überhänge" und die 12 sog. „Ausgleichsmandate" könnten auch ohne Abstimmung „zugeteilt" werden. Die Abstimmung über die 23 nachgeschobenen „Zusatzsitze" ist unerlässlich, hat aber nicht stattgefunden. Wird sie nicht nachgeholt, müssen alle 23 Mandatsträger, die aus – welchen Gründen auch immer - den Wählern oktroyiert wurden, den Landtag sofort verlassen

Der Beteiligte zu 4.) rügt zusammen mit den sonstigen Beteiligten, der Ausgleich könne nicht größer sein als der Überhang. Der Minister geht auch darauf nicht ein. Nicht einmal der konkrete, namentlich unbekannte Abgeordnete mit überhanglosem Ausgleichsmandat, der im 19. Landtag unstreitig Sitz und Stimme hat, ist für den Minister ein Problem. Hier wurde etwas ausgeglichen, das es niemals gab. Dieser unglaubliche Missstand, der bei der Landtagswahl v. 08.10.2024 erneut aufgetreten ist, sprengt das zweite Mal in Folge die elementare Mengenlehre. Um das angemessen zu rügen, fehlen die passenden Worte.

Zu lit. c) der Stellungnahme des Innenministers (S. 69)

Die FDP ist bei der Landtagswahl v. 8.10.2023 an der 5-Prozent-Hürde gescheitert. Grund genug diese Auswirkung der bayerischen Sperrklausel zu beanstanden. Die Vorschrift des Art. 14 Abs. 4 Bay Verf, in dem die sog. „Sperrklausel" mit Verfassungsrang geregelt wird, enthält drei unbestimmte Rechtsbegriffe. Das übersieht der Minister.

Die Klausel hat den Wortlaut: „Wahlvorschläge, auf die nicht mindestens fünf vom Hundert der insgesamt gültig abgegebenen gültigen Stimmen entfallen, erhalten keinen Sitz im Landtag."- Was heißt hier: „Wahlvorschläge"? Vorschläge für die Erst- oder für die Zweitstimmen? Was heißt hier: „Stimmen"? Sind die Gesamtstimmen gemeint, wie der Minister unterstellt (S. 69)? Warum findet der gemeinte Rechtsbegriff im Wortlaut der Norm keine Verwendung? Was heißt hier: „keinen Sitz"? Heißt das: keinen Platz auf der Liste, oder heißt das überhaupt keinen „Sitz", auch kein Direktmandat. Die Vorschrift ist dem Wortlaut nach zu unbestimmt, um ohne differenzierte Auslegung zum objektiven Willen des Wahlgesetzgebers vorzudringen.

Die Sperrklausel ist in Art. 14 Abs.4 BayLVerf und in Art. 42 BayLWahlG wortgleich geregelt. Art. 42 BayLWahlG steht unter der eingrenzenden Überschrift: „Feststellung des Wahlergebnisses für den Wahlkreis". Mit „Wahlkreis" ist nicht der Stimmkreis, sondern der Regierungsbezirk gemeint. Berücksichtigt man diese Einordnung im Kontext der Sperrklausel, gilt sie für den Regierungsbezirk, in dem mit der Zweitstimme gewählt wird. Die Fünf-Prozent-Hürde trifft demnach allein die Listenplätze, die bei der Ermittlung der Sitze unberücksichtigt bleiben. Und damit ist der Fall gelöst. Die Sperrklausel erfasst nicht die Erststimme, sondern die Zweitstimme. Anders als der Minister behauptet, ist die Bemessungsgrundlage (Prozentbasis) rechnerisch auf die sieben Geltungsbereiche der Zweitstimmen zu beziehen. Und das sind die verschiedenen Regierungsbezirke.

Es muss also überprüft werden, ob die FDP, die bei der Landtagswahl an der 5-Prozent-Hürde gescheitert ist, in einem der sieben Regierungsbezirke für ihre Namensliste mehr als 5 Prozent der Zweitstimmen erreicht hat. Der Vollständigkeit halber wäre noch die offene Frage zu klären, was mit der Stimme für die Favoriten bei der offenen Listenwahl geschehen soll, die ja der Erststimme ähnlicher ist als der Zweitstimme? Muss die Stimme für den Favoriten mitgezählt werden oder nicht?

Zu lit. d) der Stellungnahme des Innenministers (S. 69)
Es gab bei der Landtagswahl v. 08.10.2023 überhaupt keine Stimmzettel, auf denen die Wähler eine „Gesamtstimme" vergeben konnten, um einen Abgeordneten mit einem „Gesamtmandat" der dritten Art zu wählen. Die Wähler hatten nicht eine Stimme, sondern zwei. Eine dritte Stimme gab es auf den Stimmzetteln nicht. Aus den vermeintlichen „Gesamtstimmen" entstehen keine „Gesamtmandate". Die nachträgliche Zusammenfassung beider Stimmen zu einer vermeintlichen „Gesamtstimme" ist in Wahrheit eine Manipulation, mit dem Ziel, die Doppelwahl mit zwei Stimmen rückgängig zu machen. Hier wird offensichtlich eine Quadratur des Kreises versucht, von der die Landtagswahl v. 8.10.2020 – durch den bayerischen VGH endlich - zu befreien ist.

II. Gründe zur Beschwerde
im Verfahren (Az: P II–1003–1–18)

Die Vorbemerkung

Der Beschwerdeführer zu 4.) hat kurz vor dem Wahltermin des 8.10.2023 zuerst dem 18. Landtag und einen Tag später auch seiner Präsidentin, Ilse Aigner, je eine dringliche „Last-Minute-Petition" nach Art. 115 Bay Verf zugestellt und in beiden Fällen verlangt, bei der Auszählung der Stimmen für den 19. Landtag die nachträgliche Hinzufügung von sog. Überhängen" – und sog. „Ausgleichssitzen" – in Übereinstimmung mit der Entscheidung des BayVGH Vf 74-III-18, dort Nr. 40 – zu unterlassen, es sei denn es findet eine Nachwahl statt. Beide Petitionen blieben „contra legem" unbeantwortet und unerledigt. Der Landeswahlleiter hat vielmehr vollendete Tatsachen geschaffen und das Wahlergebnis, über den Kopf der Wähler hinweg, nachträglich doch um 23 Zusatzsitze aufgestockt, darunter 11 sog. „Überhänge" und 12 sog. „Ausgleichsmandate".

In beiden Fällen kann eine Wahlhandlung auf Stimmzetteln schon deshalb nicht nachgewiesen werden, weil die Wähler weder über den sog. „Überhang" noch über den sog. „Ausgleich" abgestimmt haben. Die 23 Mitglieder mit Zusatzsitzen sind solange keine gesetzlichen Abgeordneten, wie die nach Art. 2 Abs. 2 Satz 2 und nach Art. 14 Abs. 1 Satz 1 Bay Verf unerlässliche Legitimation durch eine basisdemokratische und außerparlamentarische Urwahl im Wahlvolk fehlt. Die 23 Mandatsträger mit nachgeschobenen Zusatzsitzen sind nicht gewählt worden. Sie haben deshalb im Bayerischen Landtag keinen legitimen Sitz und bei der parlamentarischen Willensbildung kein legitimes Stimmrecht.

Das Landtagsamt hat den Beschwerdeführer zu 4.) mit E-Mail v. 10. November 2024, also am letzten Tag vor Fristablauf und am allerletzten Tag des 18. Bayerischen Landtags davon unterrichtet, der Landtag werde die beiden unbeantworteten Petitionen aus der 18. Legislaturperiode zu Wahlbeanstandungen des 19. Bayerischen Landtags umwidmen und von sich aus – datiert auf den 3.11.2023 und formlos – die nachgeschobenen 23 Zusatzsitze in seinem Namen beanstanden. Diesem überraschenden Manöver des Landtagsamtes hatte der verblüffte Beschwerdeführer zu 4.) unter der Bedingung zugestimmt, dass er dadurch sein eigenes Recht auf Beanstandung der Wahl, die er zuvor, schon am 23.10.2023 frist- und formgerecht zugestellt hatte, nicht verliert. Die Verletzung des Petitionsrechts war damit geheilt.

Das hat schlussendlich dazu geführt, dass der Beschwerdeführer zu 4), gemeinsam mit anderen Antragstellern einen Missstand gerügt hat (Az: P II–1003–1–24), den danach der 18. Landtag bei 23 der Mitglieder des 19. Landtags, von sich aus, durch zwei umgewidmete Petitionen, im Namen des Beschwerdeführers zu 4.), erneut mitbeanstandet (Az: P II–1003–1–18). Dadurch klagt der Beschwerdeführer zu 4.) - absurder Weise - zweimal in der gleichen Sache: einmal selbst und mit andren Beteiligten und danach noch einmal auf Betreiben des Landtagsamtes, alleine, und zwar mit einer rückdatierten, formlosen und amorphen Wahlbeanstandung. – Und um das Maß voll zumachen hat dann der 19. Landtag am 9.4.2024 beschlossen, diese vom 18. Landtag mitbetriebene Wahlbeanstandung sei sowohl „unzulässig" als auch „unbegründet".

Anträge der beiden unerledigten und umgewidmeten Petitionen im Wortlaut:

1.) Zur unerledigten Petition vom 2. November 2023 an den Bayerischen Landtag
Der Antrag der ersten Petition im Wortlaut (Zitat-Anfang): „Dem ausgezählten Wahlergebnis für die Landtagswahl vom 08.10.2023 werden nachträglich keine sog. „Überhänge" und keine sog. „Ausgleichssitze" hinzugefügt. Die Zuteilung von 11 sog. „Überhang-" und von 12 sog. „Ausgleichsmandaten" wird zeitnah rückgängig gemacht." (Zitat-Ende)

2.) Zur unerledigten Petition vom 3. November 2023 an die Präsidentin des Bayerischen Landtags, Ilse Aigner, MdL, persönlich
Der Antrag der zweiten Petition im Wortlaut (Zitat-Anfang):„Hiermit beantrage ich, Dr. Manfred C. Hettlage, Nibelungenstr 22, 80639 München, nach Art. 115 der Verfassung des Freistaates Bayern, bei der Präsidentin des Landtags, Ilse Aigner, MdL: Erstens sind durch den Landeswahlleiter die 12 Abgeordneten ausfindig machen zu lassen, die ein Ausgleichsmandat bekleiden, das ihnen erst durch hoheitlichen Oktroy zugeteilt werden konnte, nachdem die Wahllokale schon geschlossen waren. Diesen 12 Abgeordneten fehlt die basisdemokratische Legitimation durch eine außerparlamentarische Urwahl der Wahlberechtigten. Sie sind so lange vom Stimmrecht im Landtag auszuschließen, bis über ihr Mandat durch eine Nachwahl entschieden worden ist. Zweitens stehen den 12 Landtagsabgeordneten, die ein Ausgleichsmandat bekleiden, nur 11 Abge-

ordnete mit „Überhang" gegenüber. Es gibt also ein Ausgleichsmandat, für das es keinen Rechtsgrund gibt. Dieser Abgeordnete ist vom Landeswahlleiter zu ermitteln und aus dem Landtag zu entlassen. (Zitat-Ende)

Zur Würdigung der umgewidmeten Petitionen durch den bayerischen Innenminister (S. 46f.):

Der Landtag hält beide zu Wahlbeanstandungen umgewidmeten Petitionen des Beschwerdeführers zu 4.) (Az: P II–1003–1–18, Seite 46 f, unter Ziff. 18 und gesondertem Begleitschreiben v. 10. April 2024) für „unzulässig und unbegründet", lässt sie aber im gleichen Atemzuge zu, so dass sich die Zulässigkeitsfrage damit erledigt hat.

Der Inhalt der beiden zu Wahlbeanstandungen umgewidmeten Petitionen wird in der Stellungnahme des Bayerischen Staatsministers unzureichend, wenn nicht sogar unzutreffend wiedergegeben. Der Minister lässt völlig unerwähnt, dass zwei unerledigte Petitionen am letzten Tag des 18. Landtags in eine Wahlbeanstandung des 19. Landtags umgewandelt und am 10. November auf den 3. November datiert wurden. Das alles ließe sich noch verschmerzen. Und wurde durch die Zustimmung des Petenten ja auch geheilt.

Die 11 sog. „Überhänge" und die überdimensionierte Kompensation durch 12 sog. „Ausgleichsmandate", um die es im Kern der Sache geht, sind nach Art. 14 Abs.1, Satz 6 Bay Verf zweifelsfrei zulässig. Und das ist unstreitig! Vom Beschwerdeführer zu 4.) wird dagegen etwas ganz anderes gerügt, nämlich dass die unerlässliche Abstimmung über die 23 Zusatzsitze fehlt. Das verkennt der Innenminister vollständig.

**Bei den 11 zulässigen „Überhängen" und den 12
sog. „Ausgleichsmandaten" handelt es sich um zulässige Zusatzsitze,
über die aber gar nicht abgestimmt wurde!**

Es gibt keine Stimmzettel, auf denen die Wähler entschieden hätten, wer, von welcher Partei, in welchem Regierungsbezirk ein sog. „Überhang-" bzw. „Ausgleichsmandat" erhalten soll. Für die 23 strittigen Zusatzsitze ging die Mitgliedschaft im Landtag nicht verloren, sie ist gar nicht entstanden.

Die Zuteilung von sog. „Überhang-" und „Ausgleichsmandaten" ist keine zwingende Verfassungsnorm. So ausdrücklich schon der Bay VGH (Vf. 74-III-18, dort Nr. 40). Deshalb steht der 19. Landtag seit seiner Konstituierung am 10. November 2023 vor der Alternative, die Zuteilung zu unterlassen, den Missstand durch Nachwahl zu heilen oder die 23 Pseudo-Mitglieder des Landtags aus dem Landtag zu entfernen.

Bei dem „überhanglosen" Ausgleichsmandat, das entstanden ist, weil der sog. „Ausgleich" mit 12 Sitzen größer ist als der sog. „Überhang" mit nur 11 Direktmandaten, fehlt von vorneherein und unübersehbar jeder Rechtsgrund. Ein hoffnungslos unheilbarer Rechts- und Zählfehler, der auf gar keinen Fall auch nur einen Tag länger Bestand haben kann!

München im April 2024

Die Unterschriften

Unterschrieben von: 1.) Dr. Wolfgang Goldmann; 2.) Dr. Robert Mertel; 3.) Joachim Kampka; 4.) Dr. Manfred C. Hettlage, (Gruppenbevollmächtigter); 5.) Dr. Ursula Offergeld-Hettlage; 6.) Gero von Braunmühl; und andere. Fehlende Unterschriften werden nach der Erteilung des Aktenzeichens nachgereicht.

Aufsätze und Schriftsätze
seit 11/2017

Online und Print

2024

Drei Wahlprüfungen (WP) / Bundestagswahl v 26.9.2021, (nach Art. 41 Abs. 1 GG Beschwerde zum BVerfG, Az. 2 BvC 3/24; 2 BvC 4/24; 2 BvC 5/24). Links:

a) **Wagenknecht** https://www.manfredhettlage.de/der-fall-wagenknecht-verfassungsbeschwerde

b) **Berlin** https://www.manfredhettlage.de/der-fall-berlin-verfassungsbeschwerde

c) **Passau** https://www.manfredhettlage.de/der-fall-passau-vwerfassungsbeschwerde

Beanstandung d. Landtagswahl (P) v. 8.10,2023, nach Art. 33 und 63 Bay Verf; Beschwerde zum BayVGH (Vf. 24-III-24) Link: https://www.manfredhettlage.de/fehlbesetzungen-des-landtags

Berliner Chaos-Wahl? Drei Listenplätze in andere Länder verschoben; Online-Aufsatz in Tichys Einblick (TE) v. 26.2.2024, Link: https://www.tichyseinblick.de/gastbeitrag/wahl-wiederholung-berlin-listenplaetze

Nicht zweimal in derselben Sache - Einspruch gegen die typisch deutsche Zwei-Stimmen-Wahl; Online-Aufsatz in: Tichys Einblick"(TE) 26.2.2024; Link: https://www.tichyseinblick.de/meinungen/zwei-stimmen-wahlsystem

Wahlprüfung / Schriftsatz-Ergänzung (WP 2/24.)
Link: https://www.manfredhettlage.de/wahlpruefung-schriftsatz-ergaenzung

Wahlprüfung durch den Bundestag: (WP 2157/21) Link:
https://www.manfredhettlage.de/wahlpruefung-durch-den-bundestag

Wer fürchtet sich vor Sahra Wagenknecht? Online-Aufsatz in: Tichys Einblick (TE) vom 23. Januar 2024, Link: https://www.tichyseinblick.de/meinungen/wer-fürchtet-sich-vor-sahra-wagenknecht

Bürgerklage gegen das BWahlG (BGBl I, Nr.147) nach Art. 93 Abs 1 Ziff. 4a) GG; Beschwerde zum BVerfG, 6/2023, (Az. 2 BvR 842/23), nicht zur Entscheidung angenommen. Link zum Schriftsatz: https://www.manfredhettlage.de/an-das-bundesverfassungsgericht

2023

Die Bundessperrklausel nicht verfassungskonform? Jedes Bundesland wählt seine Abgeordneten für sich allein; Online-Aufsatz in: Neue Juristische Online-Zeitschrift (NJOZ), 2023, S. 640.

Gutachten zur Reform des Wahlrechts – Für die Beantragung und Begründung einer Verfassungsbeschwerde nach Art. 93 GG; Online-Aufsatz in: Neue Juristische Online-Zeitschrift (NJOZ), 2023, S. 608.

Der Stimmzettel entscheidet / Wahlen werden nicht ausgerechnet, Wahlen werden ausgezählt; Online-Aufsatz in: Neue Juristische Online-Zeitschrift (NJOZ), 2023, S. 385).

Hände weg vom Wahlergebnis / Der Bundestag hat mehr Mitglieder als es dort Sitze gibt; Online-Aufsatz in: Neue Juristische Online-Zeitschrift (NJOZ), 2023, S. 161.

Wahlrechtsreform – Durchsichtiger Plan / Die Union wird bei der nächsten Wahl ein blaues Wunder erleben -Tichys Einblick, v. 18.Januar 2023; https://www.tichyseinblick.de/meinungen/wahlrecht-bundestag

2022

Kommt jetzt noch eine dritte Stimme? Online-Aufsatz in: Neue Juristische Online-Zeitschrift (NJOZ) Ausgabe 2022, S. 1537.

Zurück zur Volkssouveränität, Online-Aufsatz in: Neue Juristische Online-Zeitschrift (NJOZ), Ausg. 47/2022, S. 1441.

Die Ampel-Koalition bleibt stur, Europolis 5/2022. Link: http://www.europolis-online.org

2021

Die Rechnung geht nicht auf: Das neue Bundeswahlgesetz, Deutsches Verwaltungs-blatt, DVBl 8/2021, S. 501.

Fällt das Stimmensplitting, fallen die Überhänge, Online-Beitrag: NJOZ 2021, S. 513.

Wenn die Wähler nicht das letzte Wort haben – Zu den Landtagswahlen in Rheinland-Pfalz und Baden-Württemberg, Publicus / Der Online-Spiegel für das öffentliche Recht, Ausgabe vom 16. April 2021.

2020

Missbrauch der Gestaltungsformen des Wahlrechts: die Überhangmandate? Neue Verwaltungs-Zeitschrift (NVwZ), Ausg. 20/2020, VII (NVwZ-Editorial)

Für ein Mandat zweimal zur Wahlurne gehen? Neue Juristische Online-Zeitschrift (NJOZ) v. 15.10.2020, Ausg. 42/2020, S 1249.

Alles zerfließt – die höchstrichterlichen „obiter dicta" zum Wahlrecht wollen nicht zueinander passen, Deutsches Verwaltungsblatt (DVBl), Ausg. 20/2020, S. 1307.

Senatswahl in Hamburg, Polygamie im Wahlrecht? Neue Juristische Online-Zeitschrift (NJOZ), Ausg. 24/2020; S. 705.

Grabenwahl und Grundgesetz – Bigamie im Wahlrecht, Publicus / Der Online-Spiegel für das öffentliche Recht, Ausgabe vom 5.2.2020; Link: https://publicus.boorberg.de/grabenwahl-und-grundgesetz

Jenseits der Verfassung – untaugliche Vorschläge zur Reform des Wahlrechts, Europolis, Januar 2020, (als PDF-Datei), Link: https://www.europolis-online.org

2019

Wer das Wahlergebnis ausgleicht, der verfälscht es auch, Publicus / Der Online-Spiegel für das öffentliche Recht, Ausgabe 2019-10; Link: https://publicus. boorberg.de/wer-das-wahlrecht-ausgleicht-der-verfälscht-es-auch

Vorhang zu und alle Fragen offen / Sachsen hat einen neuen Landtag gewählt, Neue Juristische Online-Zeitschrift (NJOZ) Ausgabe 38/2019, S. 1233.

Wahlrecht / Offener Brief an den Deutschen Bundestag, Tichys Einblick v. 24.9.2019, https://www.tichyseinblick.de/meinungen/wahlrecht-offener-brief-an-den-deutschen-bundestag.

In der Listenwahl kommt alles auf die Reihenfolge an, Tichys Einblick v. 30.7.2019, https://www.tichyseinblick.de/es-sentials/in-der-Listenwahl-kommt-alles-auf-die-Reihenfolge-an/ .

Die Entscheidung des Landeswahlausschusses gegen die AfD hat Haken und Ösen, Tichys Einblick v. 07.7.2019, https://www.tichyseinblick.de/meinungen/die-entscheidung-des-landeswahlausschusses-gegen-die-afd-hat-haken-und-oesen/,

Landtag in Hessen – Hoffnungslos überfüllt, Neue Juristische Online-Zeitschrift (NJOZ) 2019, S. 41 (- 43).

Grundrecht ohne vorläufigen Rechtsschutz: die Wahlprüfung, Neue Juristische Online-Zeitschrift (NJOZ) Ausgabe 19/2019, S. 625.

Der lange Marsch nach Karlsruhe, Tichys Einblick v. 28.4.2019, [https://www.tichyseinblick.de/meinungen/der-lange-marsch-nach-karlsruhe/.](https://www.tichyseinblick.de/meinungen/der-lange-marsch-nach-karlsruhe/)

Harbarth und das Wahlrechtswirrwarr, Publicus / Der Online-Spiegel für das öffentliche Recht, Ausgabe 2019-03. https://publicus.boorberg.de/harbarth-und-das-wahlrechts-wirrwarr/.

Landtag in Hessen – Hoffnungslos überfüllt, Neue Juristische Online-Zeitschrift (NJOZ) Ausgabe 1/2019, S. 41.

One man one vote, eine Stimme ist genug / Neue Schriftsätze und neue Aufsätze, 2019 (Taschenbuch ISBN 978-3-96138-100-5)

2018

Wie verfassungswidrig war die Hessenwahl? Publicus – Der Online-Spiegel für das öffentliche Recht, Ausgabe 12/2018, https://publicus.boorberg.de/wie-verfassungswidrig-war-die-hessenwahl.

Die Fünf-Prozent-Hürde ist nicht alternativlos, Neue Juristische Online-Zeitschrift, NJOZ 2018, S. 1721.

Die verkannte Rechtsnatur der Überhangmandate, Europolis 2018, (PDF-Datei), https://www.europolis-online.org/wp-content/uploads/2018/06/BeitrRe-Natur_Hettlage.pdf.

Die Figur des nicht-gewählten Abgeordneten im deutschen Wahlrecht, Europolis v. 26.2.2018 (PDF-Datei) https://www.europolis-online.org/allgemein/legitimitaet-gegen-legalitaet-ist-der-deutsche-bundestag-demokratisch-legitimiert/.

Im Deutschen Bundestag gibt es 65 blinde Passagiere, Tichys Einblick v. 27.4.2018, https://www.tichyseinblick.de/meinungen/im-deutschen-bundestag-gibt-es-65-blinde-passagiere/

BWahlG Gegenkommentar, 2. Aufl. 2018, (Taschenbuch ISBN 978-3-96138-053-4) mit allen Hinweisen und Links zu früheren Beiträgen des Autors. (Vgl. http://www.manfredhettlage.de/zum-wahlrecht-literatur-und-links/)

2017

Das Wahlrecht geht so lange zum Brunnen, bis es bricht, Tichys Einblick vom 11. Nov. 2017, https://www.tichyseinblick.de/meinungen/das-wahlrecht-geht-so-lange-zum-brunnen-bis-es-bricht/

vor 2017

Zu den Fundstellen der Beiträge aus früheren Legislaturperioden vgl. auch das Literatur-verzeichnis in: BWahlG Gegenkommentar, 2. Aufl. 2018, Seite 121 ff.

Über 250 Blog-Beiträge zum Wahlrecht

Auf der Internetseite unter:
www.manfredhettlage.de/wahlrecht

An seinen Veröffentlichungen vor 11/2017 hält der Autor nicht mehr uneinge-schränkt fest. Der Erkenntnisstand hat sich seither stark verbessert. Frühere Texte sind deshalb von zu vielen Irrtümern behaftet.

Drei Taschenbücher
zum BWahlG

2019

Hettlage, M. C.
One Man One Vote - Eine Stimme ist genug
Neue Aufsätze und neue Schriftsätze
Wissenschaftlicher Verlag Berlin - wvb
ISBN 978-3-96138-100-50

2018

Hettlage, M. C.
BWahlG Gegenkommentar
Wenn die Wähler nicht das letzte Wort haben ...
Wissenschaftlicher Verlag Berlin - wvb
ISBN 978-3-86573-855-4

2015

Hettlage, M. C.
Wer mit zwei Stimmen wählt
Beobachtungen, Bemerkungen und neue Beiträge
Wissenschaftlicher Verlag Berlin - wvb
ISBN 978-3-86573-855-4